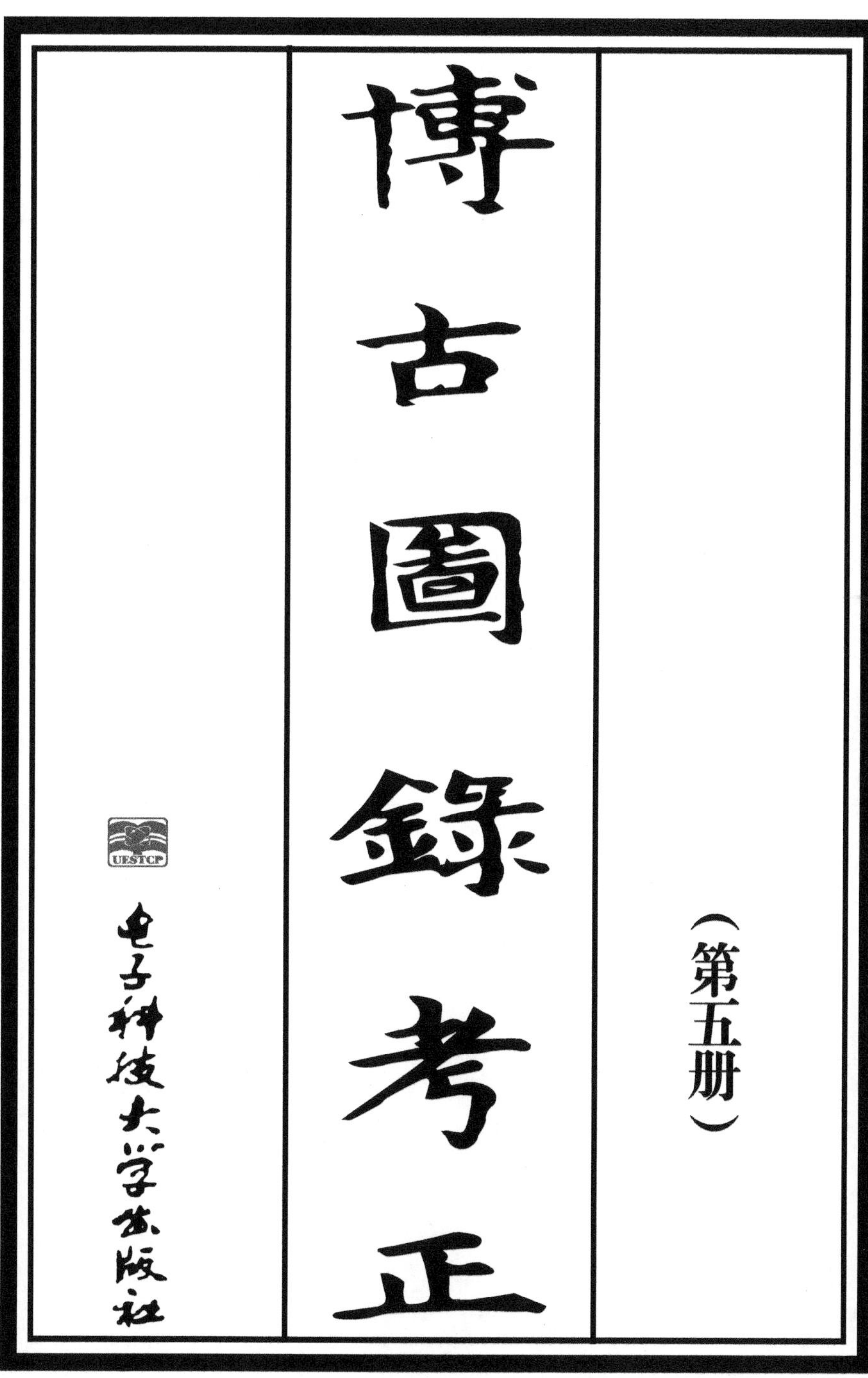
博古圖錄考正
（第五册）
UESTCP
电子科技大学出版社

第五册目録

博古圖錄考正卷第二十五

鐘四 三十器

周 二十一器

蟠紋鐘一

蟠紋鐘二

花乳鐘一

花乳鐘二

雙蟠鈕鐘

虵鈕鐘

環鈕鐘一

環鈕鐘二

虎鐘

荇葉鐘

虬鈕鐘一

虬鈕鐘二

鳳鈕鐘一

鳳鈕鐘二
辟邪鐘一
辟邪鐘二
辟邪鐘三
辟邪鐘四
辟邪鐘五
辟邪鐘六
大吕鐘

漢六器

辟邪鐘一

辟邪鐘二

環鈕鐘一

環鈕鐘二

對螭鈕鐘

饕餮鐘

六朝三器

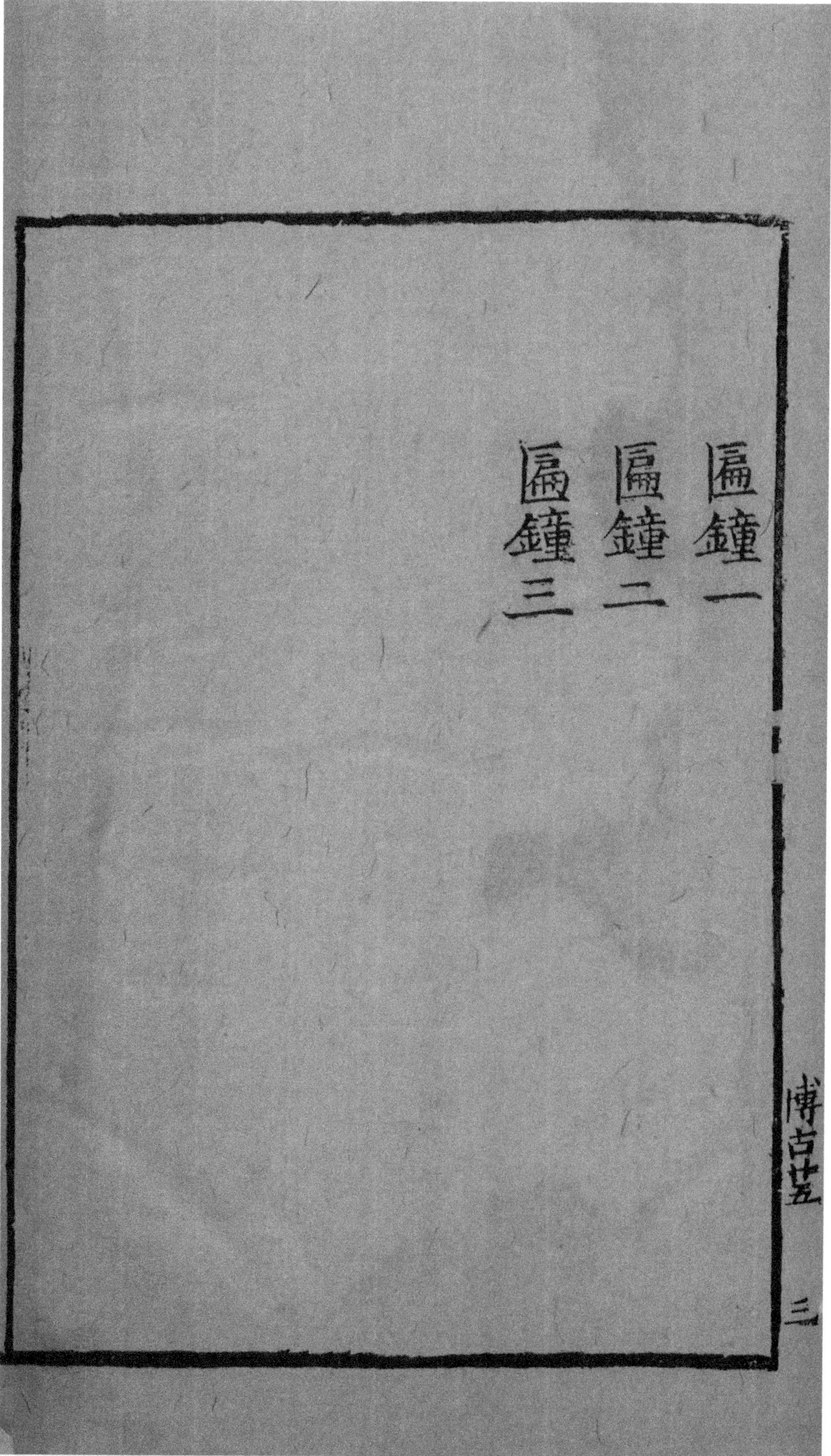

匾鐘一

匾鐘二

匾鐘三

周螭紋鐘一

高七寸鈕高一寸六分闊一寸二分兩舞相
距三寸九分橫三寸二分兩銑相距六寸七
分橫四寸三分枚三十六各長三分重四斤
六兩無銘

周螭紋鐘二

高七寸八分分鈕高一寸九分闊一寸三分兩舞相距四寸四分橫三寸七分兩銑相距五寸八分橫四寸七分枚二十六各長三分重六斤四兩無銘

右二器是鐘即于鼓間皆為螭紋頂亦如之其一於枚景具作螺旋之狀其二則枚景有如金鋪上既不為衡甬而若鐶可係以下垂觀其製蓋亦古鐘之稍變者也

周花乳鐘一

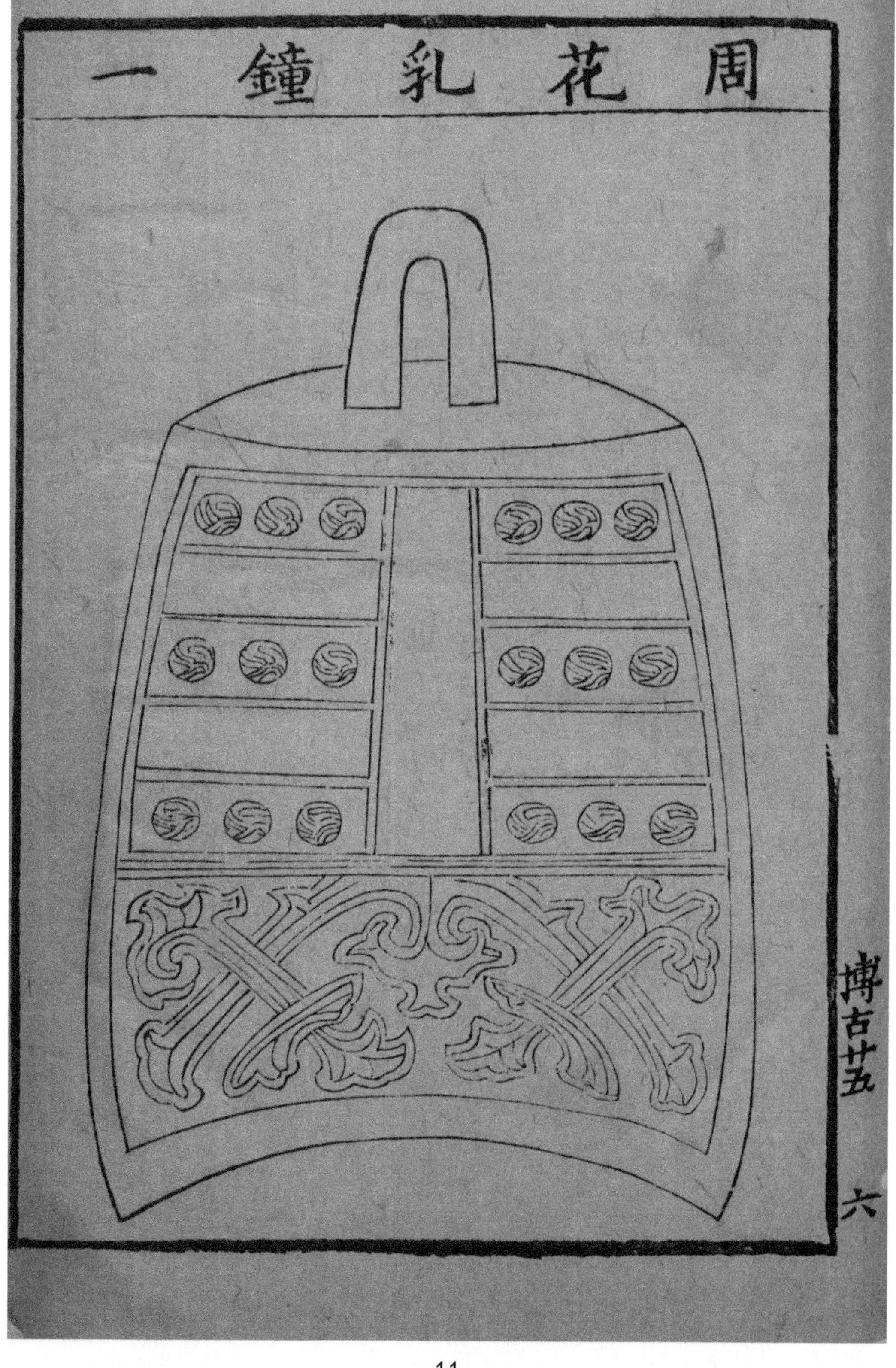

高七寸鈕高二寸四分闊一寸七分兩舞相距四寸六分橫三寸四分兩銑相距四寸八分橫五寸五分枚三十六各長四分重五斤

無銘

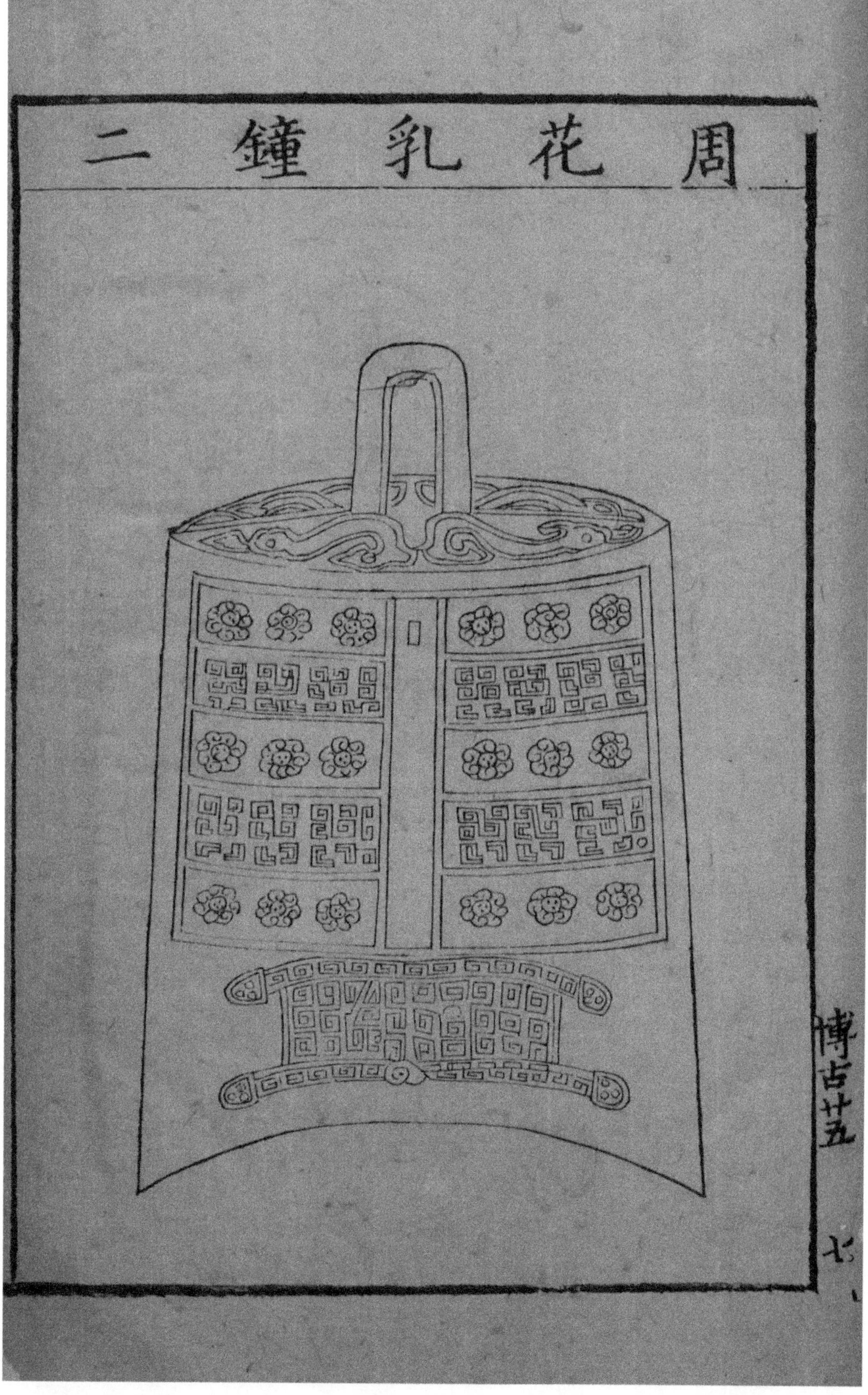

周花乳鐘二

高五寸一分鈕高一寸五分闊一寸二分兩舞相距三寸五分橫二寸六分兩銑相距三寸四分橫二寸五分枚三十六各長三分重一斤有半無銘

右二器上設小鈕不為衡甬而枚作旋螺著以花紋獸面大體與許子鐘相類云

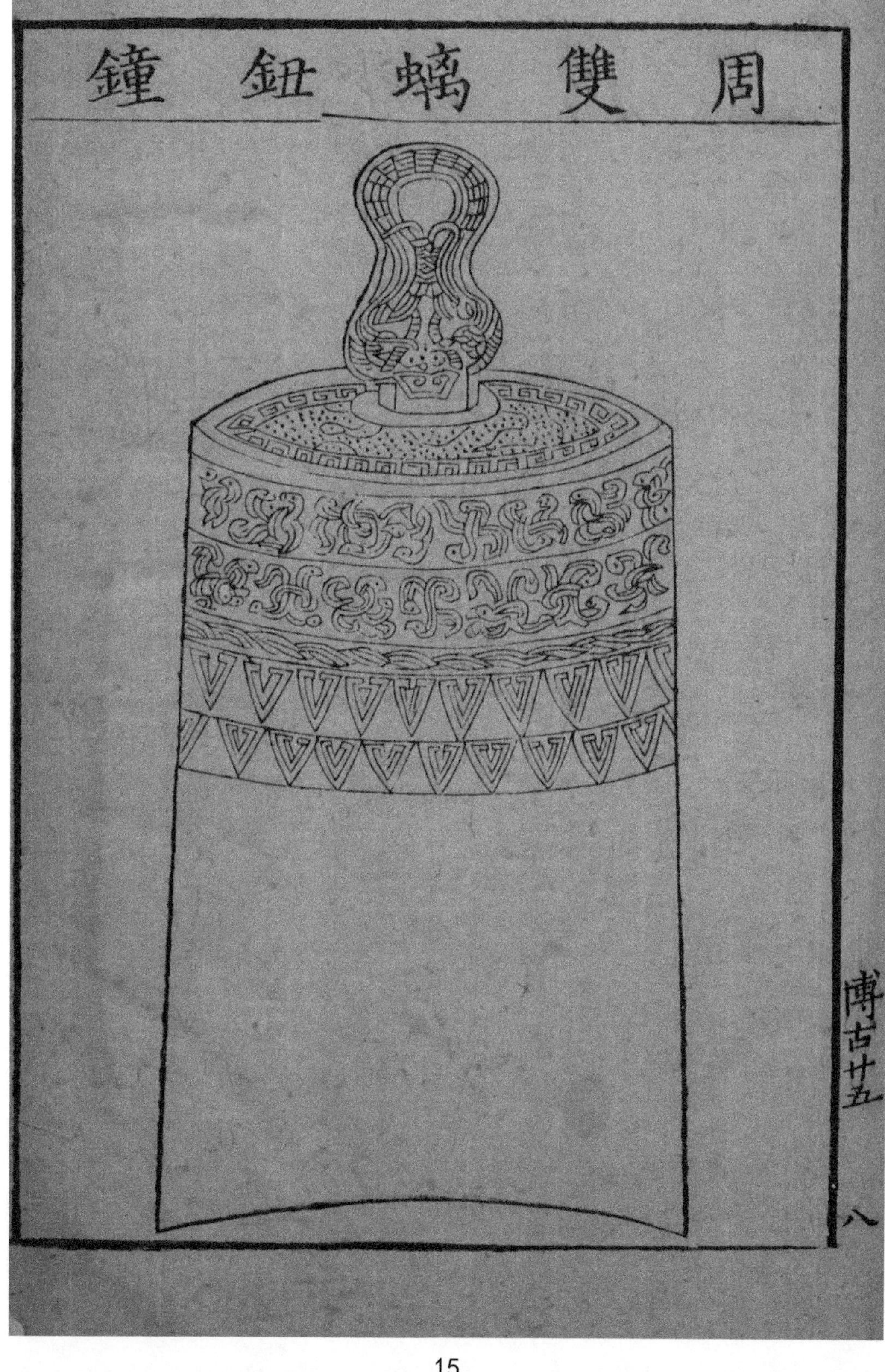
周雙螭鈕鐘
博古廿五
八

右高七寸八分鈕高三寸闊一寸四分兩舞相距四寸橫三寸六分兩銑相距四寸五分橫四寸二分重八斤無銘是器全與周物不類而形制若鐸復無鉦鼓枚篆之飾甬作雙螭糾錯其尾若環環之中為獸首舞上以四虬蟠屈相向舞間布以細紋承以垂花其聲清越而長非它鐘之比當是周末變易不一遂致是耳此器重厚倍常當是古鈞後同

周虺鈕鐘

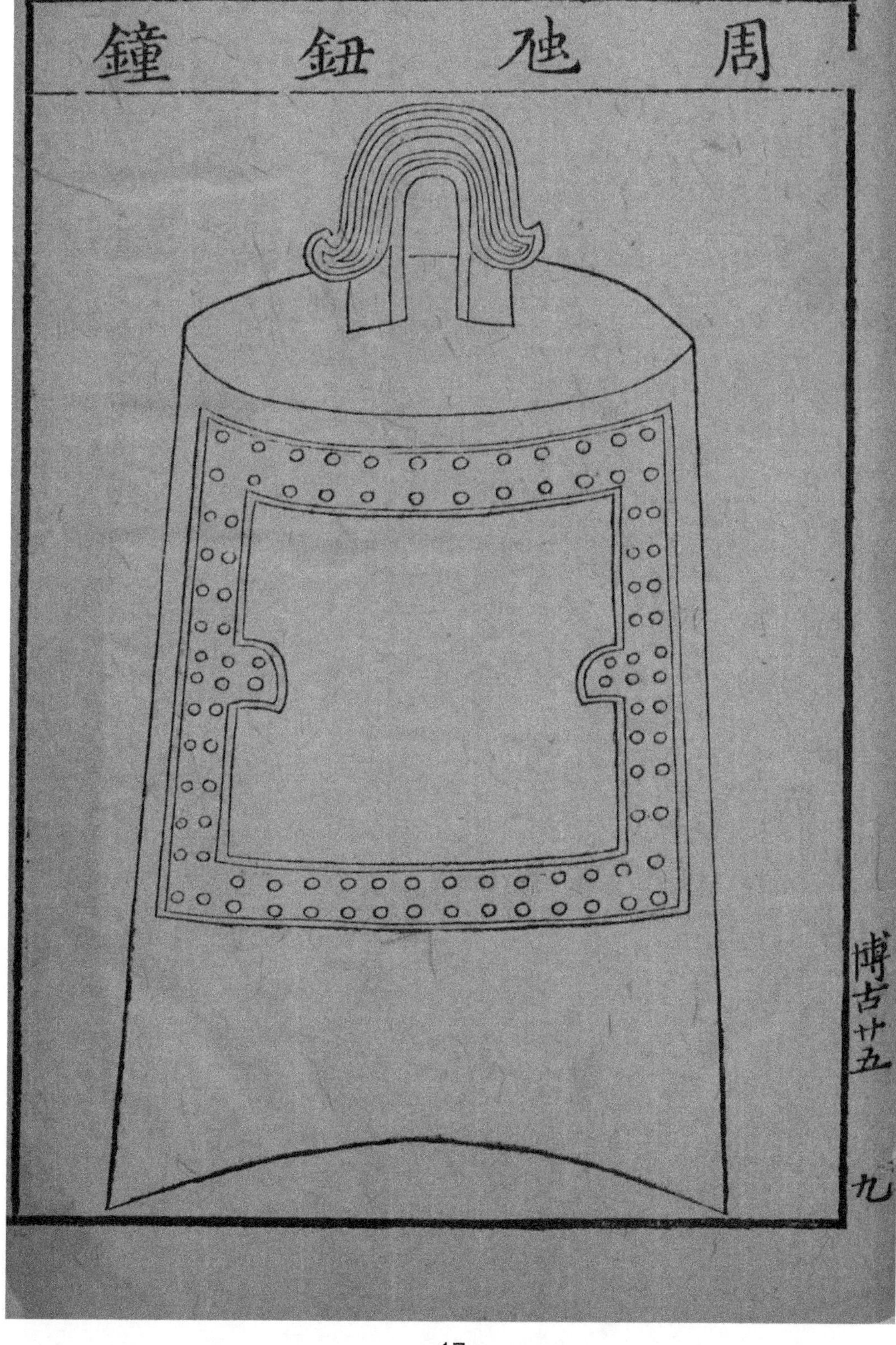

博古廿五　九

右高七寸七分鈕高一寸七分闊一寸五分兩舞相距三寸三分横三寸兩銑相距四寸二分横三寸六分重六斤九兩無銘是鐘比諸鐘特不類而全若鐸變甬而爲銘且無枚焉但兩面作碎乳布之其鈕獨狀以虺按詩言維熊維羆男子之祥維虺維蛇女子之祥則虺陰類凡鐘屬陰而鼓屬陽於是以虺識之蓋昔人所以取象命意皆有微意存乎其間也

周環鈕鐘一

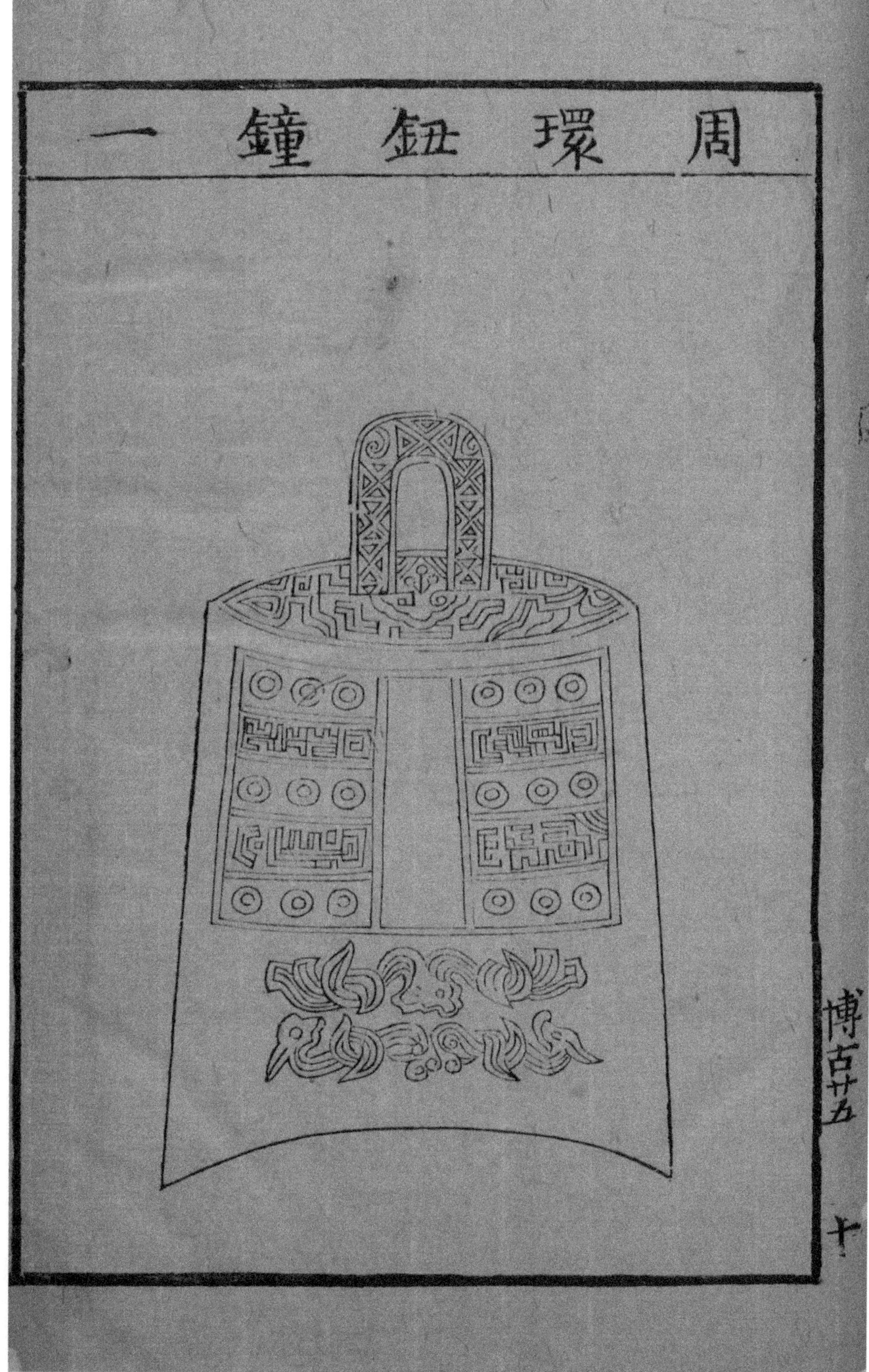

高三寸三分鈕高一寸一分闊八分兩舞相距二寸二分橫一寸六分兩銑相距二寸五分橫一寸枚三十六各長一分重一斤無銘

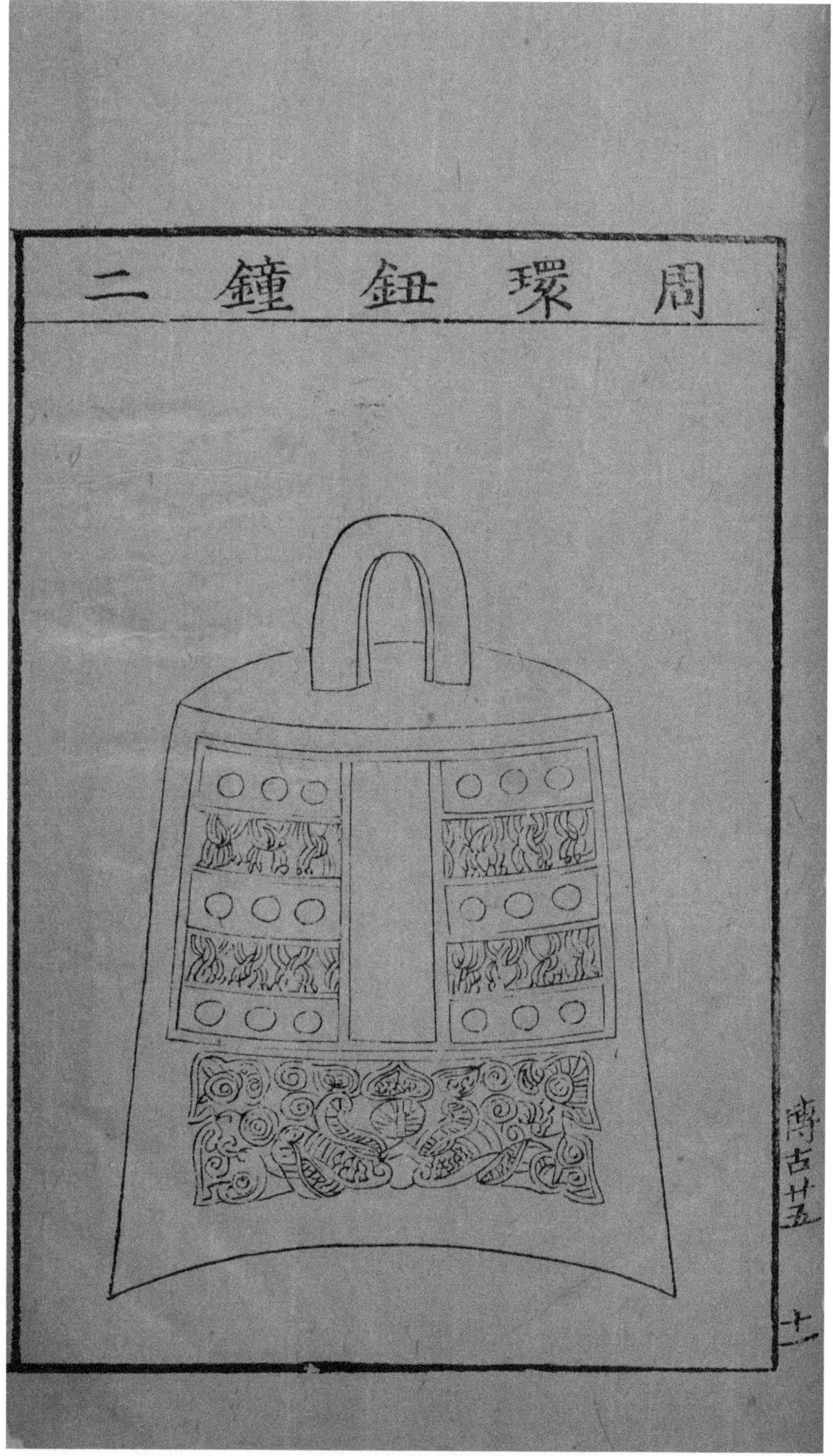
周環鈕鐘二
博古廿五
十二

高四寸一分鈕高一寸五分闊一寸兩舞相距二寸七分橫二寸一分兩銑相距三寸三分橫二寸三分枚三十六各長一分重一斤一兩無銘

右二器周官鳧氏所鑄有所謂大鐘有所謂小鐘爾雅謂大鐘曰鏞中曰剽小曰棧而不言其量數樂律所用之處若樂鐘則惟特鐘鎛鐘編鐘三者而已編鐘乃其小者也是鐘

上為環鈕不作衡甬於枚介舞間虺紋盤結而形製元小其編棧之屬歟厭久藏輿壤銅滓凝積扣之器無聲非特如厚石而已其可取者煎煉鎔範為是觀焉

周虎鐘
博古廿五
十三

右高一尺一寸一分鈕高三寸闊三寸二分兩舞相距六寸一分横四寸五分兩銑相距九寸一分横六寸五分重二十四斤無銘虎為西方之獸在臟則為肺而主乎憂夫樂者樂也樂極而憂必生聖人常戒懼其所未至則鐘之所以有虎焉敔為伏虎用示其止樂之節意亦如是耳

周荇葉鐘

右高九寸七分鈕高三寸三分闊七寸五分兩舞相距七寸七分橫六寸四分兩銑相距九寸二分橫七寸九分枚三十六各長四分重十有六斤五兩無銘是鐘無甬而為鈕其鈕又為二辟邪鼓間亦作辟邪之飾三十六枚各狀荇葉且昔之饗祀凡沼沚之毛蘋蘩之菜皆可薦羞然詩人特以荇為后妃之況者以謂荇上出乎水下出乎水以象乎由於

法度之中而法度所不能制則荇之薦羞鍾之合樂有得於法度之表耳

周虬鈕鐘二

博古廿五 七

高九寸鈕高四寸闊八寸兩舞相距六寸二分橫五寸一分兩銑相距七寸六分橫六寸三分枚三十六各長三分重十有二斤無銘右二器製作一類畧無少異枚介鉦間皆著虬紋糾結交錯隧擪糸如之鼓上復以蟠虬為飾不設甬以虬為鈕盖變古制也然究其形模非秦漢之所能及要之皆晚周物耳

周鳳鈕鐘一

高八寸五分鈕高二寸五分闊三寸二分兩
彝相距五寸九分橫四寸四分兩銑相距七
寸二分橫五寸四分枚三十六各長五分重
十有二斤無銘

周鳳鈕鐘二

高七寸八分鈕高二寸二分闊三寸五分兩舞相距五寸五分横四寸兩銑相距六寸五分横四寸七分枚三十六各長五分重九斤十有二兩無銘

右二器揆鐘之設鈕其制多矣而此乃飾以鳳蓋鸑鷟鳴於岐山而為興王之瑞則此鐘疑有所取象焉

周辟邪鐘一

周辟邪鐘二

周辟邪鐘三

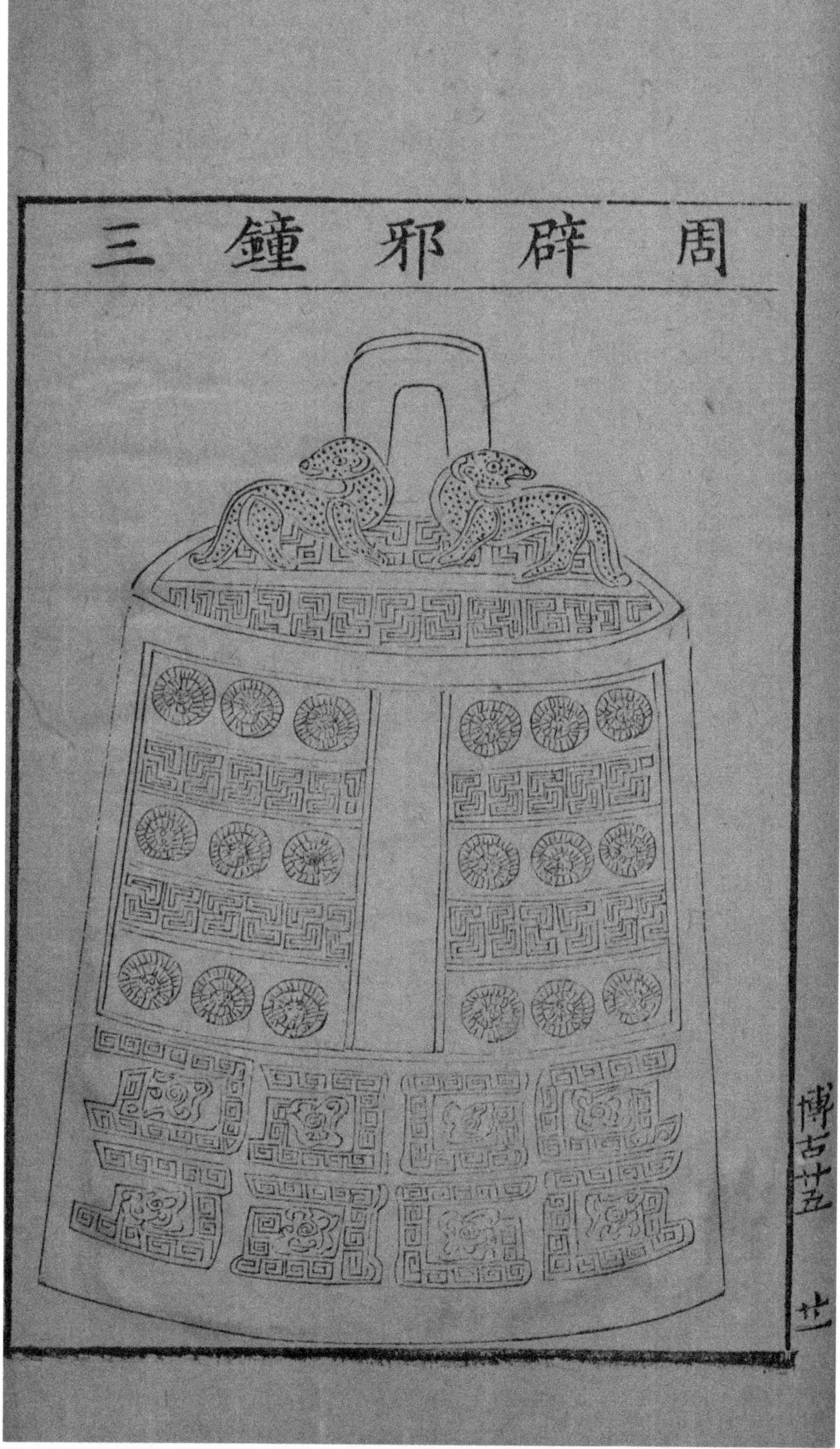

博古廿五 廿二

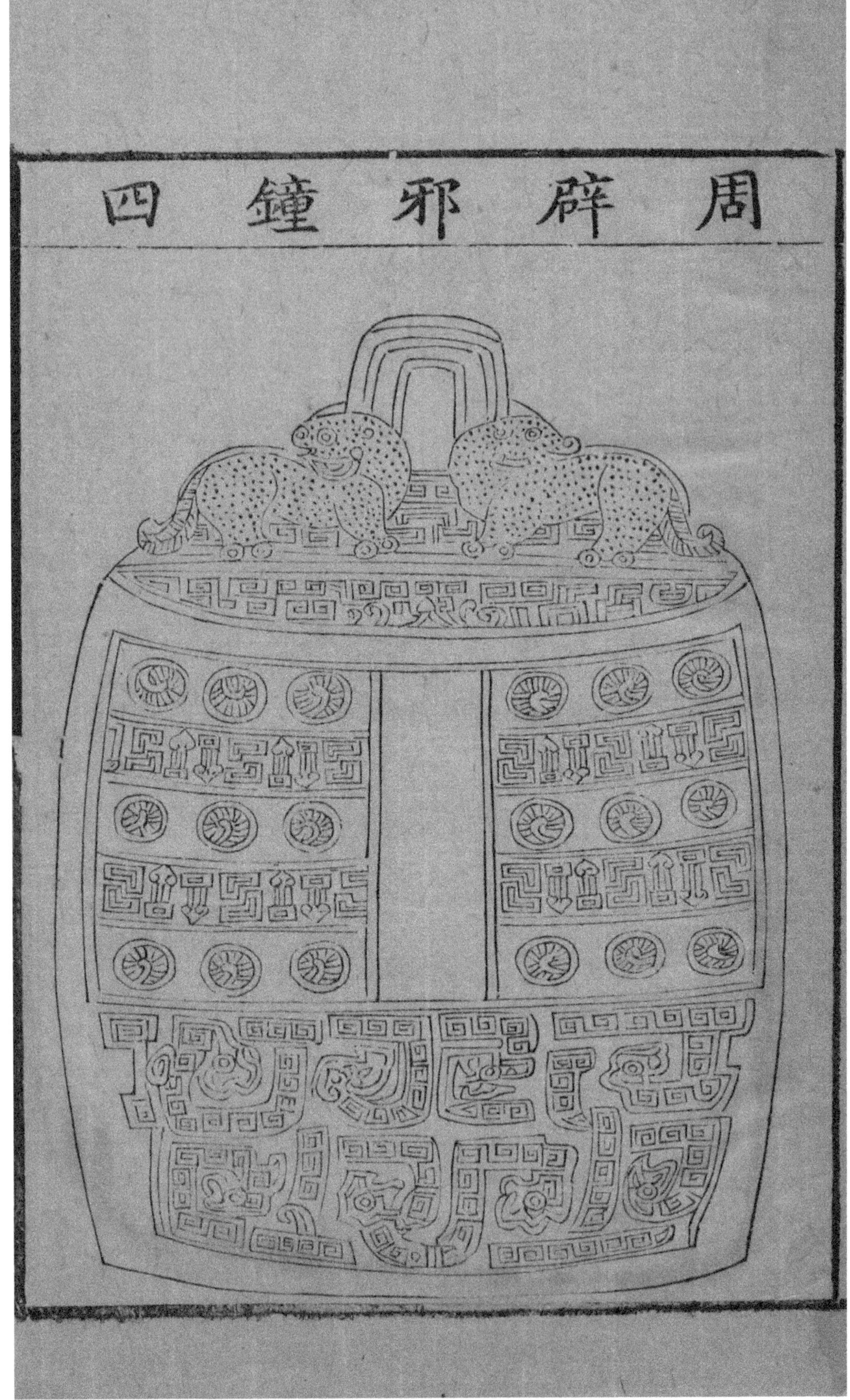
周辟邪鐘四

周辟邪鐘五
博古
十二

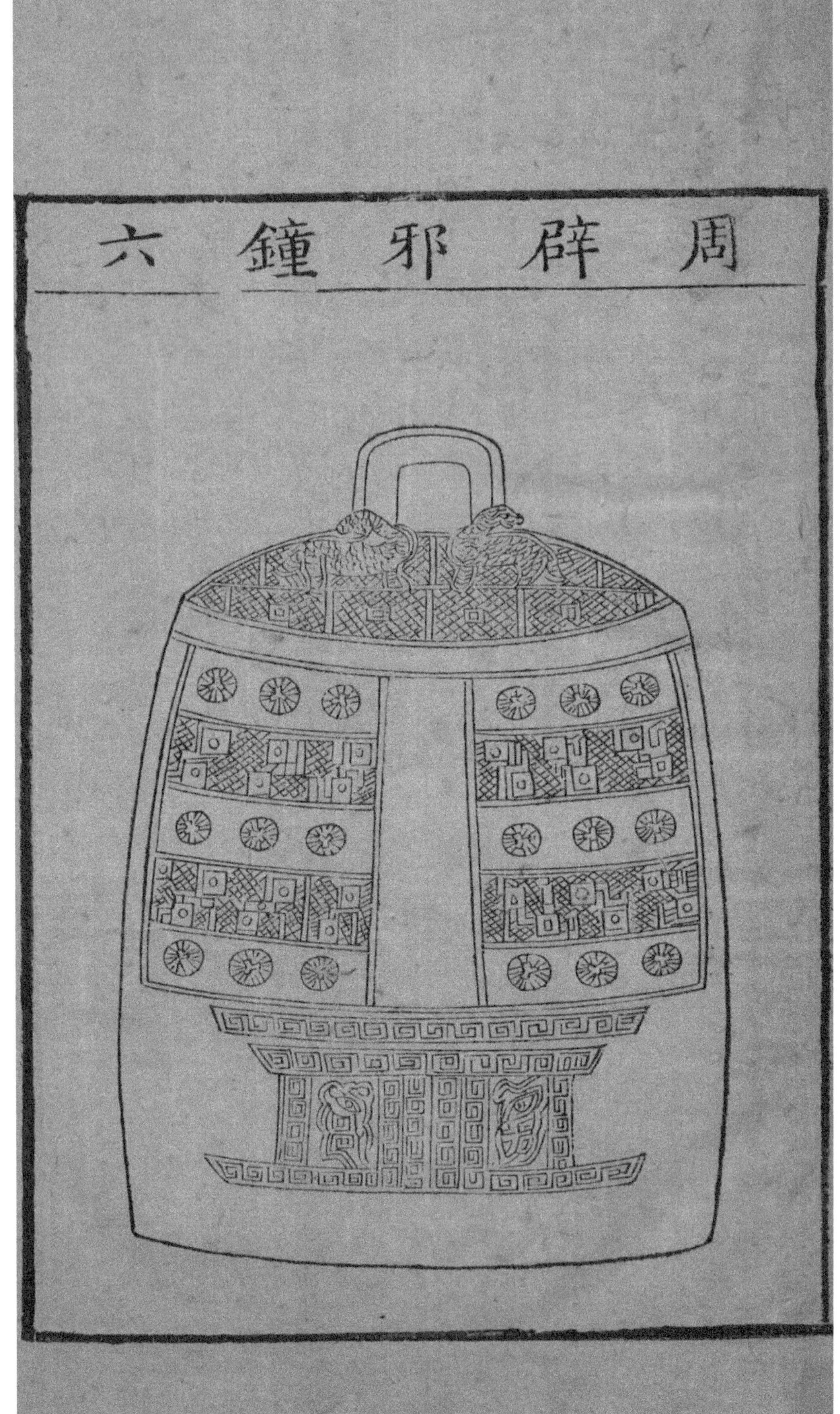

周辟邪鍾六

第一器高六寸九分鈕高一寸九分闊一寸二分兩舞相距四寸九分橫二寸五分兩銑相距五寸四分橫二寸九分枚三十六重五斤一十二兩無銘

第二器高六寸五分鈕高一寸九分闊一寸三分兩舞相距五寸四分橫二寸九分兩銑相距五寸六分橫三寸一分重五斤四兩枚三十六無銘

第三器高六寸五分鈕高一寸五分闊一寸二分兩舞相距四寸六分橫二寸一分兩銑相距六寸橫三寸重五斤三兩枚三十六無銘

第四器高八寸鈕高二寸七分闊二寸一分兩舞相距六寸橫二寸六分兩銑相距六寸五分橫三寸三分重八斤七兩枚三十六無銘

第五器高六寸九分鈕高一寸九分闊二寸五分兩舞相距五寸三分橫三寸五分兩銑相距四寸四分橫三寸三分枚三十六各長三分重五斤二兩無銘

第六器高九寸鈕高二寸二分闊三寸四分兩舞相距五寸八分橫五寸兩銑相距六寸八分橫五寸枚三十六各長三分重四斤十有二兩無銘

右六鐘枚景皆作旋螺設辟邪以為鈕蓋古人造鐘於旋幹之間著蹲熊蟠龍辟邪為飾是鈕也獨取於此古人寓意殆未可詳而製作與周官所載不同又無銘款以稽世次疑其為晚周物也 凡鐘飾以辟邪皆漢物

周大呂鐘

博古廿五　廿

右高闕一字寸七分鈕高一寸七分兩舞相距三寸闕一字分橫二寸七分兩銑相距三寸三分橫闕一字寸闕一字分重三斤四兩無銘是鐘與前太蔟闕四字命典樂劉誂扣大晟鐘以參驗之闕四字聲適相合蓋六呂之鐘也今考其闕四字及形清越而精緻枚甬又特與漢闕四字其華妙非近世所能為也

漢辟邪鐘一

高一尺六寸五分鈕高四寸七分闊一尺二寸兩舞相距一尺三寸四分橫一尺一寸二分兩銑相距一尺五寸六分橫一尺三寸五分枚三十六各長七分重五十四斤無銘

漢辟邪鍾二
博古廿五
廿七

高七寸五分鈕高一寸九分闊四寸九分兩舞相距五寸八分横四寸三分兩銑相距六寸七分横五寸枚三十六各長五分重七斤二兩無銘

右古之鐘制旋蟲之上或以蹲熊蟠龍辟邪為飾至後世不設旋蟲獨以辟邪為鈕迨漢則俱有此體五鐘是矣篆枚又皆畫出兩銑徽斂與古制殊不相類但鈕作辟邪有古人遺意爾

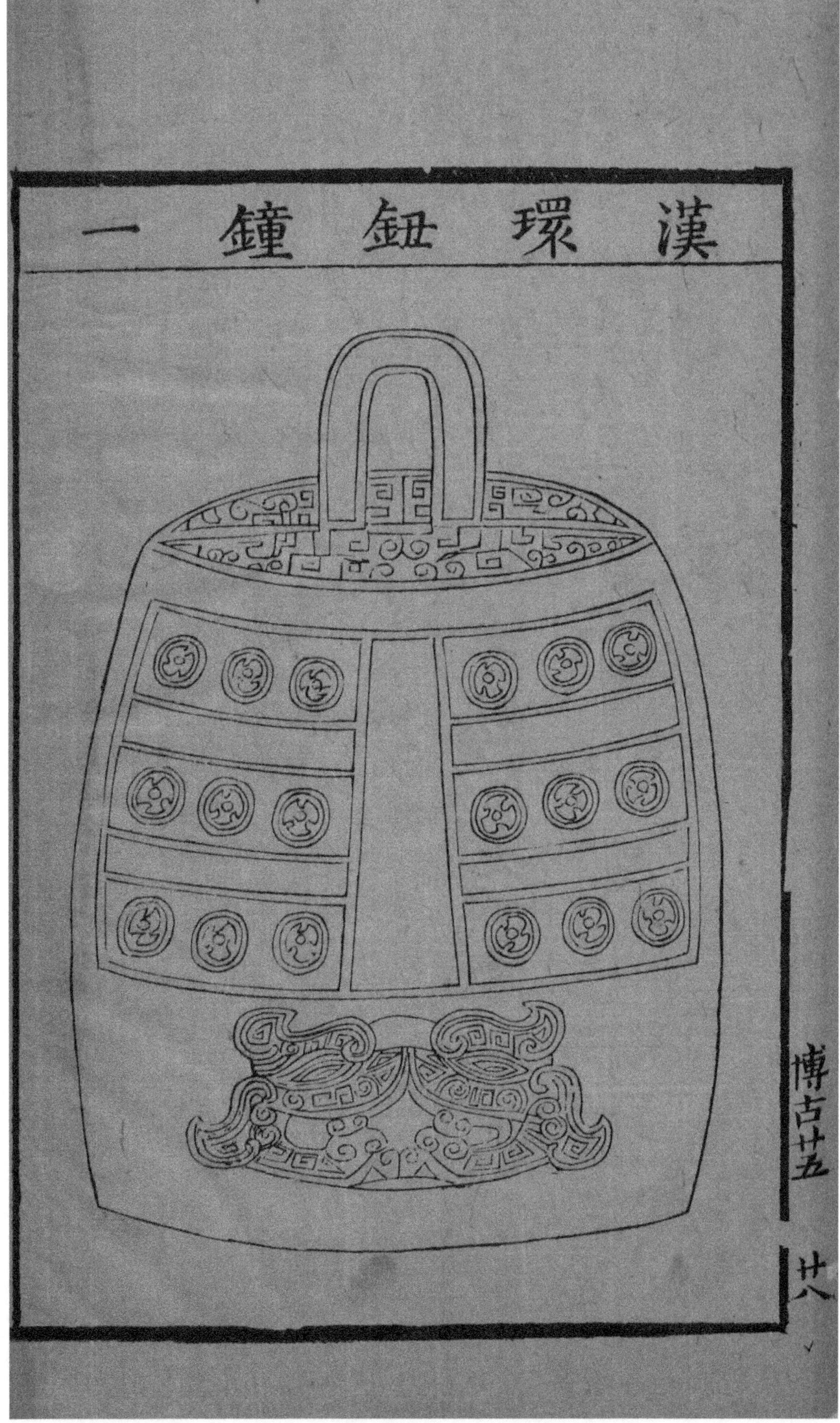
漢環鈕鍾一
博古廿五
廿八

高六寸七分鈕高二寸三分闊一寸三分兩舞相距四寸八分横三寸八分兩銑相距五寸五分横四寸二分枚三十六各長四分重四斤二兩無銘

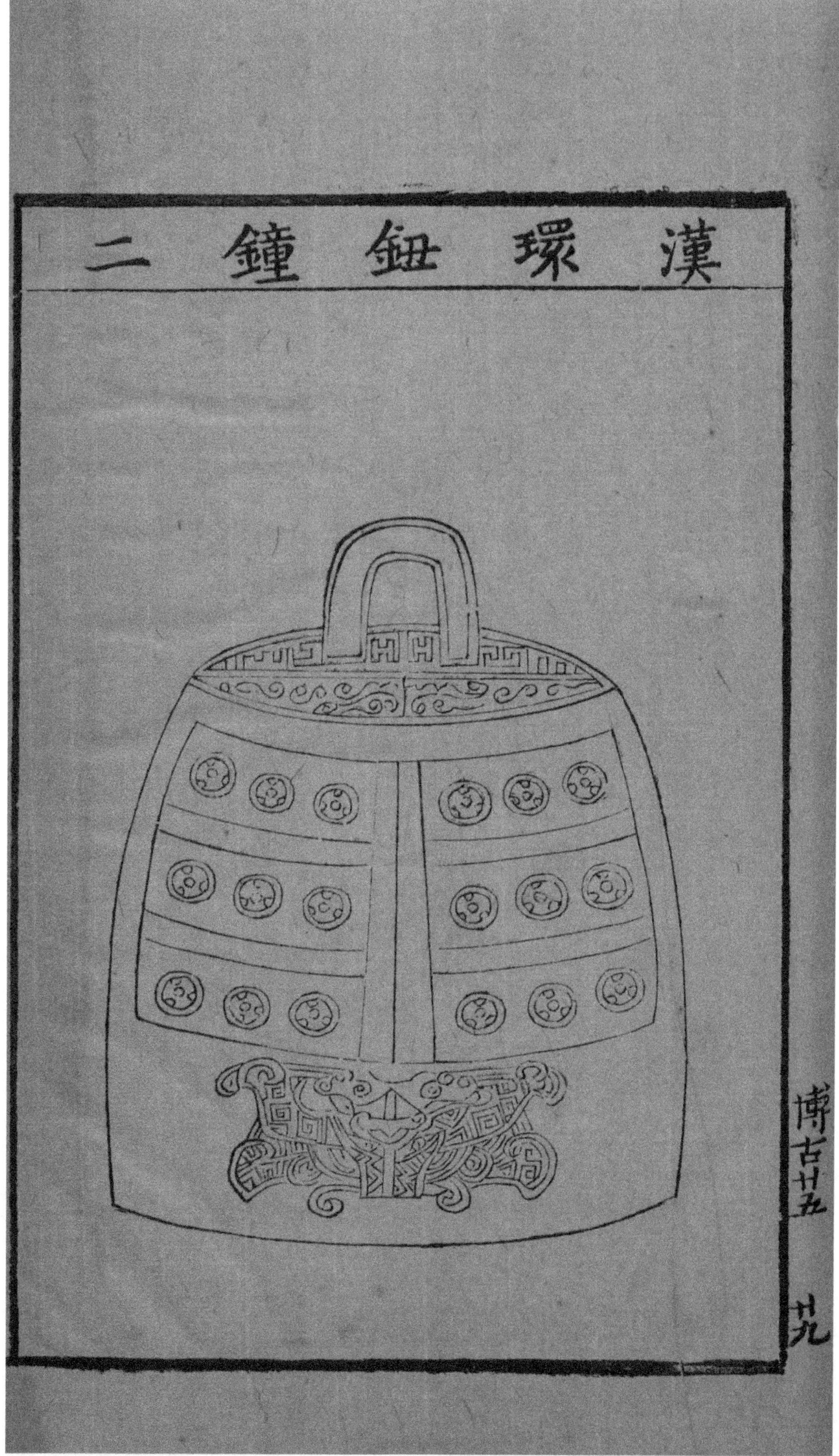

漢環鈕鐘二

高四寸六分鈕高一寸八分闊一寸二分兩舞相距三寸二分横二寸五分兩銑相距三寸六分横二寸八分枚三十六各長三分重一斤十有五兩無銘

右二器漢承秦後制作不醇于古莫能稽三代之意觀此二鐘徒用鏍爲鈕而上無衡甬可知矣煎金模範尚皆精巧猶未失鳧氏之良其可尚已

漢對螭鈕鐘

博古廿五　三十

右高七寸九分鈕高二寸六分闊五寸兩舞相距五寸横四寸四分兩銑相距五寸七分横五寸枚三十六各長三分重五斤無銘是鐘無甬以兩螭爲鈕而兩螭之首復相背其頸鬣間可以置纓索枚作旋螺之狀鐘之兩面一作黄目一作螭形盖後世去古既遠先王之禮文殘此古人無甬之制或變而爲龍不同又無銘款以稽世次疑其爲漢物也

漢饕餮鐘
廿一

右高九寸八分甬長四寸四分徑一寸七分兩舞相距七寸横四寸七分兩舞相距八寸横五寸九分重一十三斤三兩無銘是器甬中實而飾以夔紋鼓間爲饕餮乳皆平作旋螺紋考諸鐘有鋭乳者有旋乳者有乳之數或多寡者初竊疑焉及觀宋李照論樂以謂乳之設所以節其聲之有韻此卽古人爲乳之意後世浸失其傳故是鐘雖爲乳之紋而

無復如乳狀者盖出於漢一時之製故名之

曰平乳云

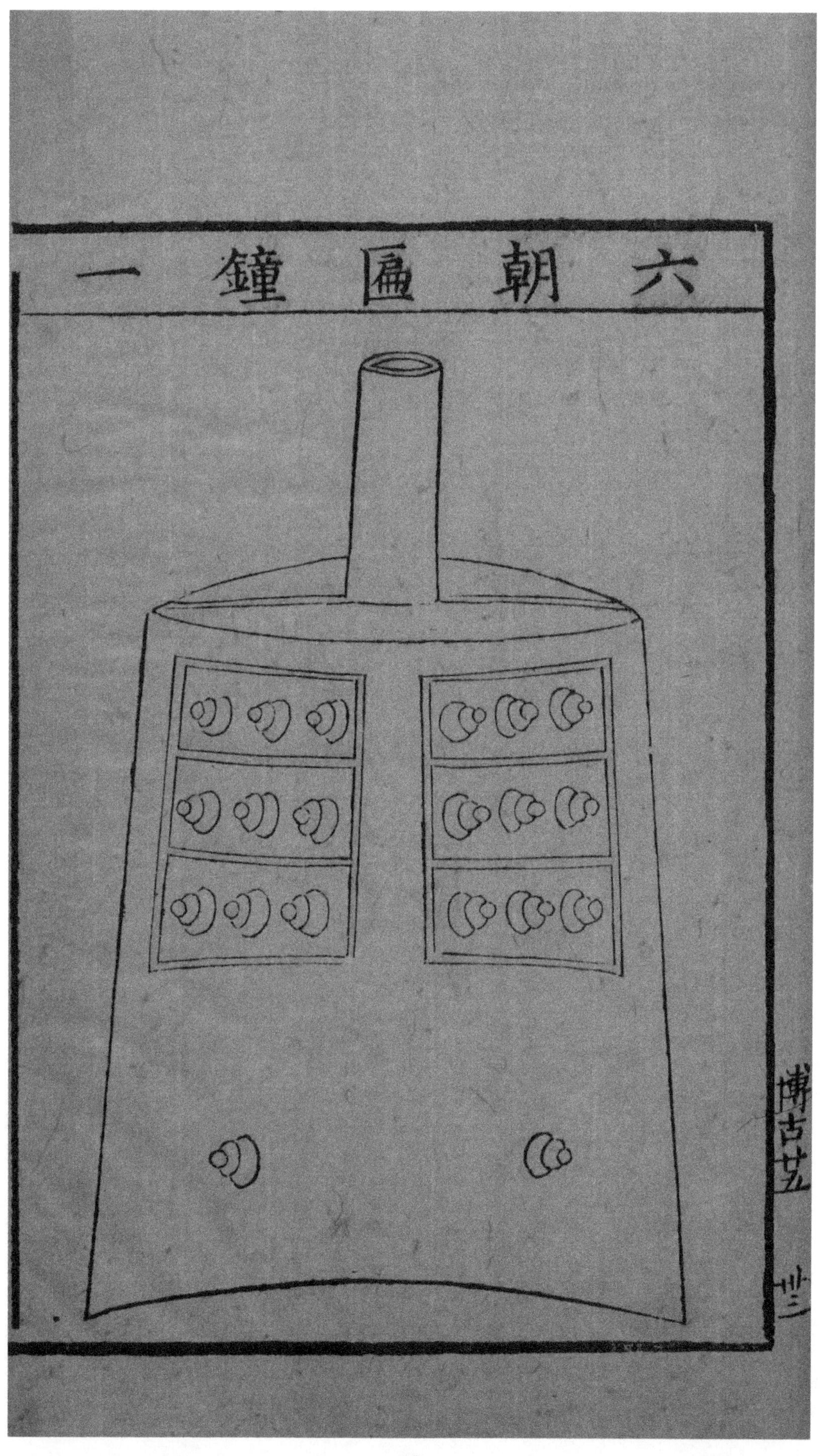

六朝匾鐘一

高一尺一寸六分甬長三寸六分徑一寸兩舞相距六寸五分橫二寸六分兩銑相距八寸橫二寸九分枚三十六各長三分重六斤有半無銘

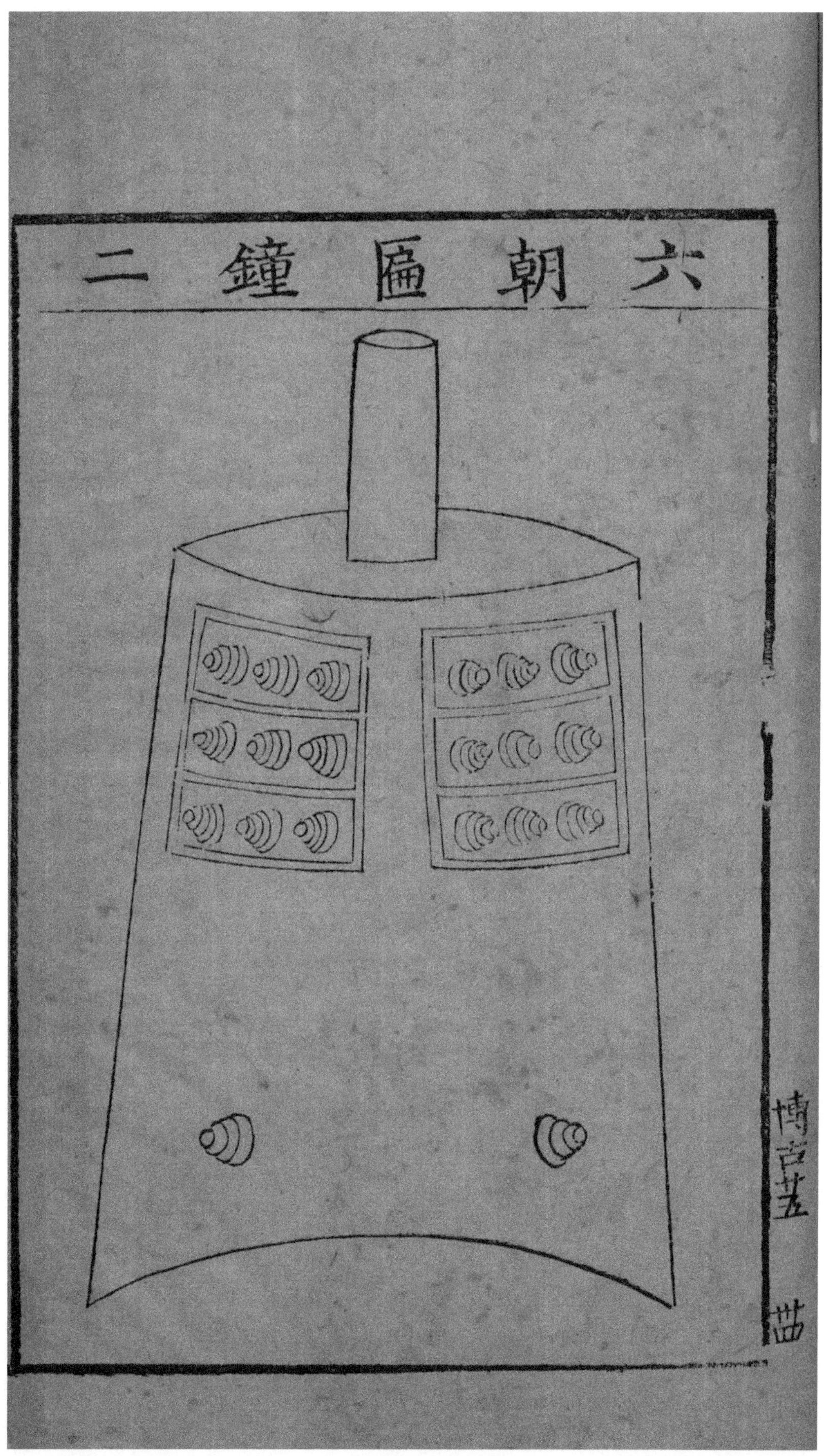
六朝匾鐘二

高一尺二寸八分甬長四寸徑一寸二分兩舞相距七寸八分橫二寸八分兩銑相距七寸八分橫三寸一分枚三十六各長三分重六斤有半無銘

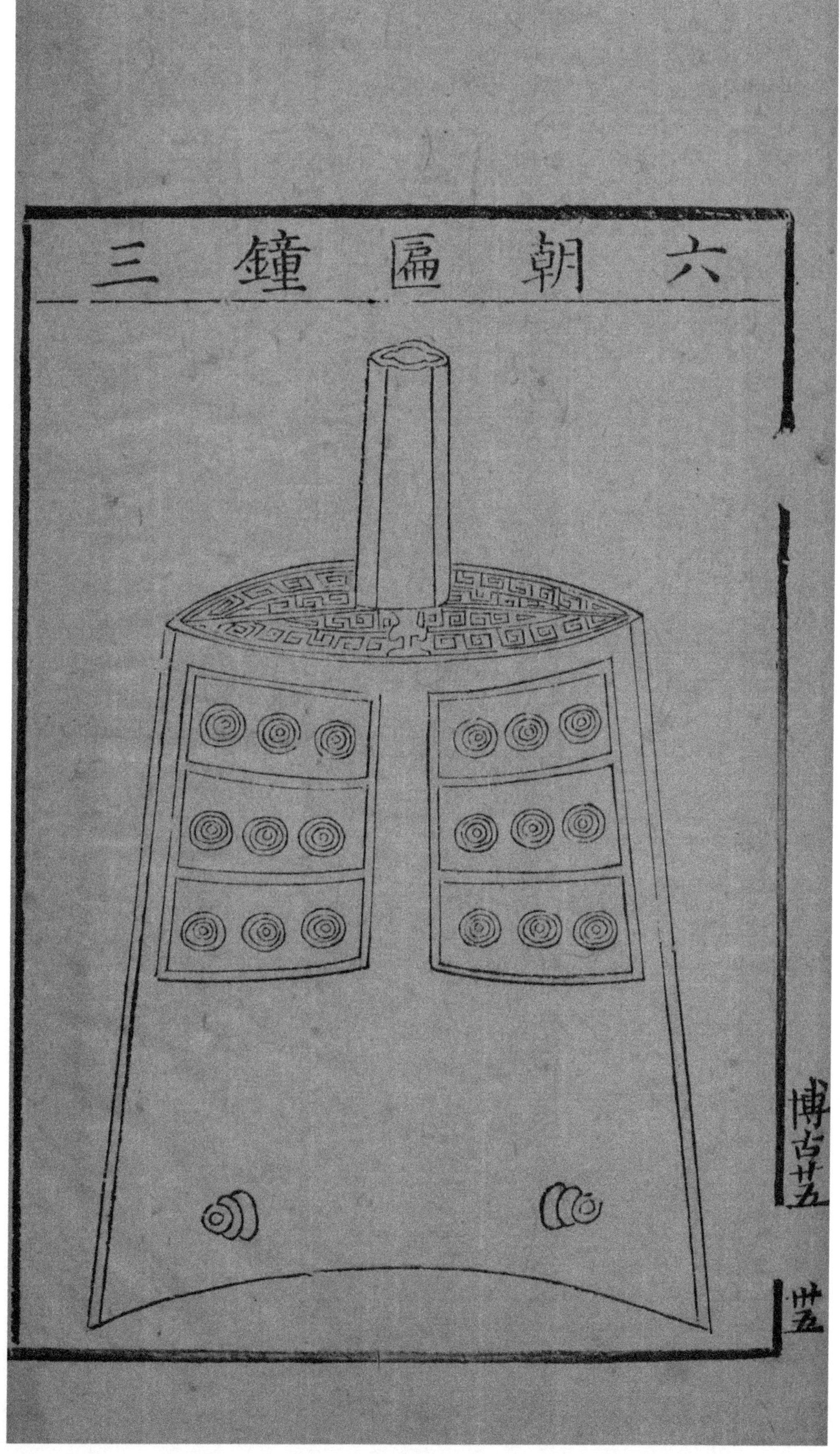
六朝匾鐘三
博古廿五
廿五

高一尺一寸九分甬長三寸五分徑九分兩舞相距七寸橫二寸八分兩銑相距八寸一分橫三寸六分枚三十六各長三分重五斤四兩無銘

右三器甬虛中通篆帶鉦隧皆無致飾獨前一器枚四十有八嘗稽鐘制枚各有三以至於九合四九之數則為三十有六今又於九數中復加三焉合其數則為四十有八此蓋

隨其時世變易而爲之者後二器校各三十六不列於鉦之兩旁而特在其上鼓之兩邉别飾雙睛睅肰如黄目與周鐘全不相類比漢器亦有所不逮其形制特匾而煎鍊模冶無甚工處方之與六朝物爲近也

博古圖録考正卷第二十五

博古圖錄考正卷第二十六

磬四器

總說

周

雷磬一

雷磬二

琥磬

雲雷磬

錞一十九器

總說

周

魚錞

雙魚錞

鳳錞

虎錞一

虎錞二

虎錞三

虎錞四

虎錞五

虎錞六

虎錞七

蜼錞一

蜼錞二

蜼錞三

蜼錞四

鐸鉦鐃戚總説

周一十一器

鐸二器

栖鳳鐸銘一字

雷柄鐸

鉦九器

檖草鉦

龜純鉦

瑞草鉦

隧鉦

雲雷鉦一

雲雷鉦二

雷紋鉦

雲目鉦

通甬鉦

漢四器

鐃二器

舞鐃一

舞鐃二

戚二器

舞戚

片雲戚

磬總說

古之為樂者有黃鐘之磬則特垂其一而為一簴若特鐘焉凡十有二數以為律之正聲而應月者也至於編磬則每簴所垂之數十六盖倍八音而成數者也夫作磬之始記禮者謂叔之離磬盖出於上古莫知其時而古史考又以帝堯之世有所謂無句者為之也後代相因而周官則磬氏出焉其制則中高

而上大者為股其下而小者於所當擊則為鼓上股下鼓分為倨句之勢以成磬而屬之於簨簴凡特磬編磬小大雖殊其制一也然書曰泗濱浮磬則磬以石為之必取諸泗水之濱者其見於堯舜之時然也春秋傳謂魯飢而臧文仲以玉磬告糴于齊則又知其用玉矣厥後逮于隋唐間凡設於天地之神則用石其在宗廟朝廷則用玉考其器之制作

與夫所用如是而已矣今茲之磬非玉非石乃鑄金而為之或成象如獸之形或遍體著雲雷之紋及觀其勢則無倨句磬氏之闕二字謂先王之制作耶則求諸經傳而無所考若以謂非先王之制作耶則煎金鎔範精緻莫及固非漢氏已來所能為也扣之鏗然非以立辨在八音之內去石與玉而取此是未可知也姑歸諸磬以待夫博識之士噫夫豈典

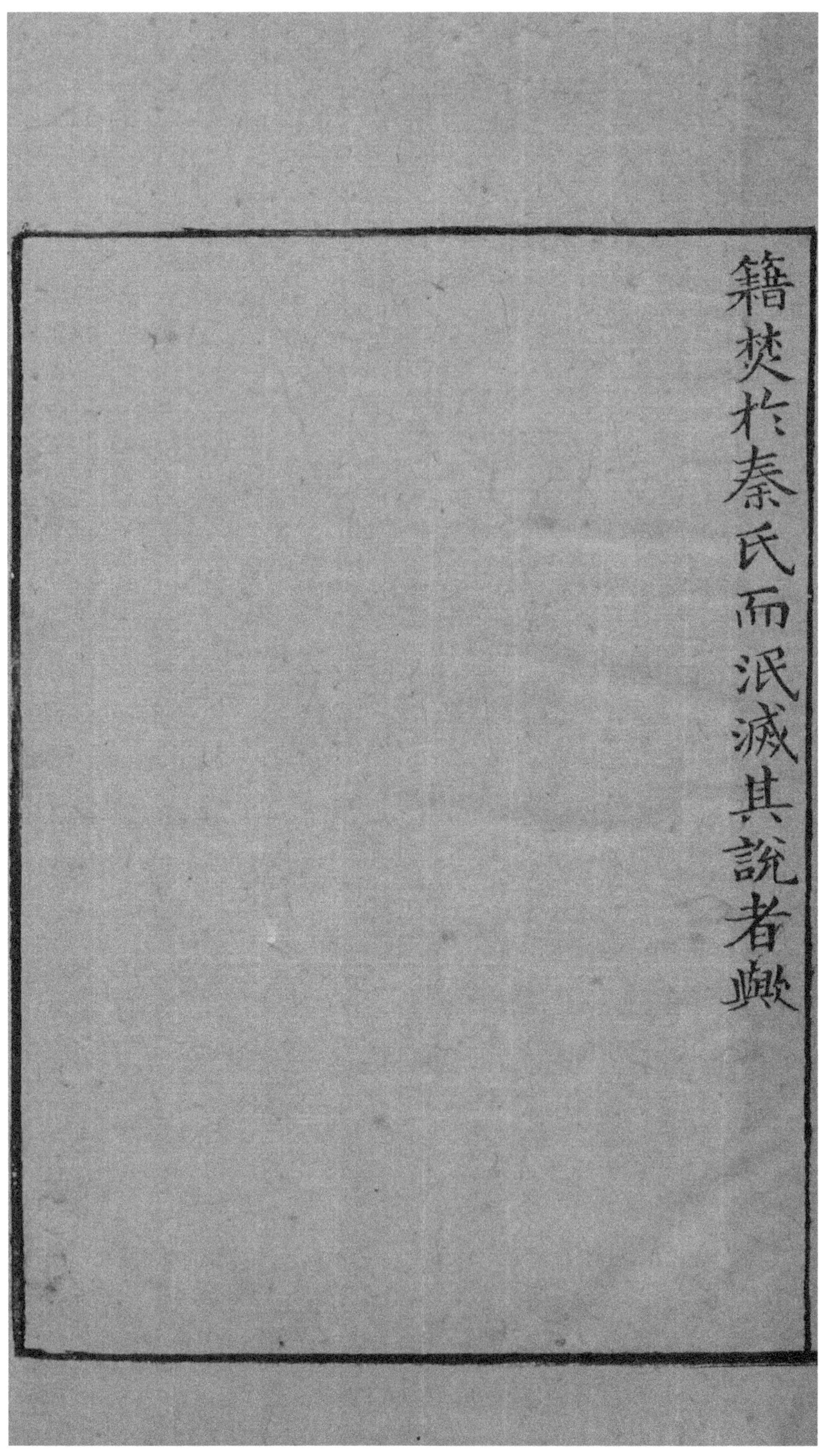

籍焚於秦氏而泯滅其說者歟

周雷磬一
博古廿六
七

周雷磬二

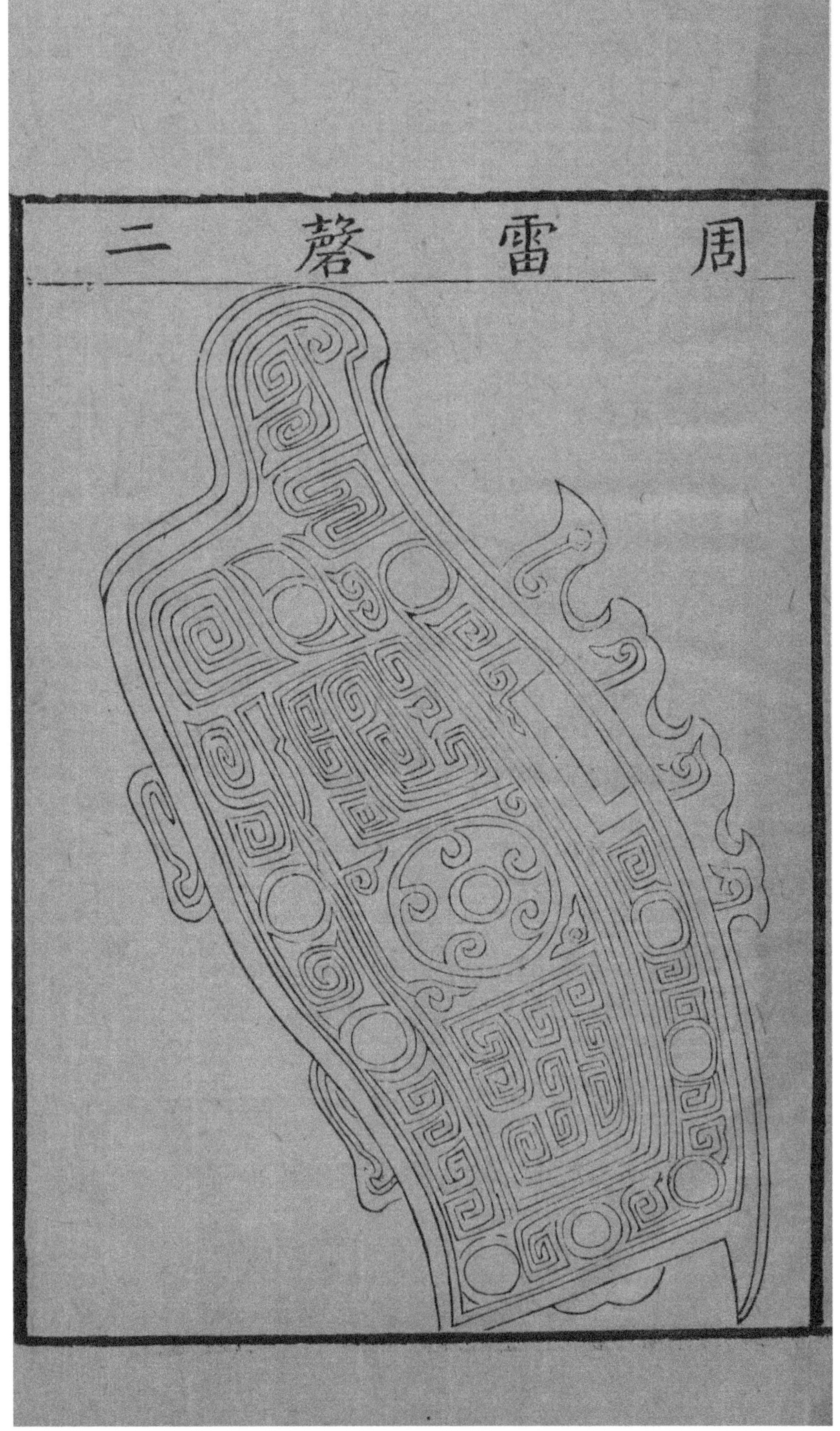

第一器長一尺四寸五分闊八寸三分厚五分五釐重十有五斤

第二器長一尺六寸闊八寸四分厚六分八釐重十有八斤四兩

右二器周官鼓人之職有雷鼓雷鼗則雷者取象其聲之无以過也若磬之為器方其制作則必求合乎律呂非若鼓焉姑用為節儉而擊之則无適而不宜也然其名磬以雷者

特取致飾其體有回旋之紋如此盖非主乎聲也

周琥磬

右通長一尺五寸四分闊八寸（闕一字）分厚六分重十有七斤無銘是磬體作琥形故目之曰琥昔人以白琥禮西方其形象虎是器亦作虎形而於虎之内又包一虎比肩而行以示物得其性肰也虎金屬而磬西北方之器故以是飾之

周雲雷磬

右通長一尺七寸二分闊八寸四分分厚九分重二十斤無銘且磬以立辨詩曰笙磬同音則非止於立辨乃所以合樂也春秋魯飢臧文仲以玉磬告糴于齊書言泗濵浮磬則磬者以玉石為之是磬復以銅為豈金磬之謂歟蓋銅者五金之數得非取其久而不變耶其形制狀獸鼓與股盡飾雲雷制作典古寔周物也

錞總説

古之作樂者鑄金以為器而鐘（闕五字）鐘之類求合乎律呂則特鐘也（闕五字）二鎛以應律而依辰位仍復有（闕五字）有六數而同一簴則與夫石磬相依以（闕二字）韻兼之簫管竽瑟高下清濁並舉而樂由是以成矣有所謂錞于者則作樂之時擊（闕二字）檢若晉鼓鼓人所職不必求合於律呂（闕二字）

周官謂鼓人以金錞和鼓釋音以金錞為錞于正謂是耳其製中虛椎首而殺其下闕二字去古既遠斯器蔑聞知之蓋寡至六朝闕二字之宋方有得於蜀者以獻始興王鑑其上為銅馬係而垂之用器盛水以置其下注以錞而手振之與水相應聲若雷發自茲復得聞其器者所以當時備充庭之樂而錞于以和鼓相鐃鐸用為次列焉及觀之近代闕三字

為禮圖當時未覩前製徒取諸昔人傳註之學而臆度以成式則有如盃盂之狀仰而係其兩傍以屬于簨簴固自以為得矣今觀斯器一出以照映其陋吁可笑已惜夫世之相後不得而見焉使其見之寧不愧哉

周虎龍錞

右高一尺一寸七分上徑長七寸二分闊五寸九分下口徑長六寸一分闊五寸一分鈕蝕剥不完重一十三斤十有四兩無銘錞專以和鼓王安石釋其字以謂錞者陰與陽和而孰是器乃特飾以虎龍盖以虎龍之交遘陰陽相和之義也故於錞有之然而又著以風雲者則亦以雲從龍風從虎也昔人之設飾豈徒然哉

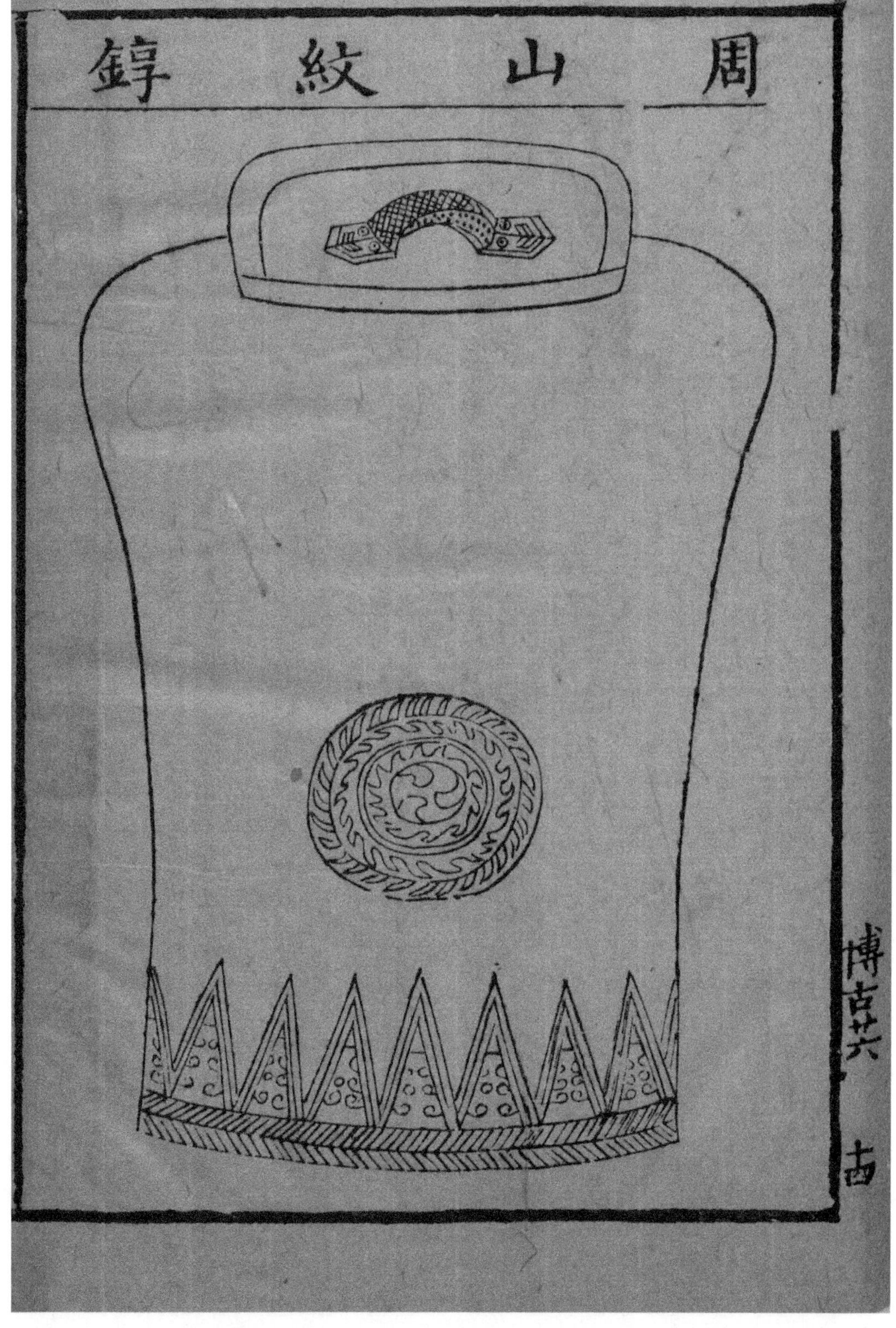

周山紋錞

博古廿六　十四

右高一尺二寸五分上徑長八寸四分闊七寸七分下口徑長六寸三分闊五寸八分鈕高八分闊二寸重十有一斤無銘是器以虺爲鈕前後倣鐘之制作隧擁狀上有雲雷間錯純緣縻之以繩又有山紋犨肰而起文鏤增華寔晚周精工之製也

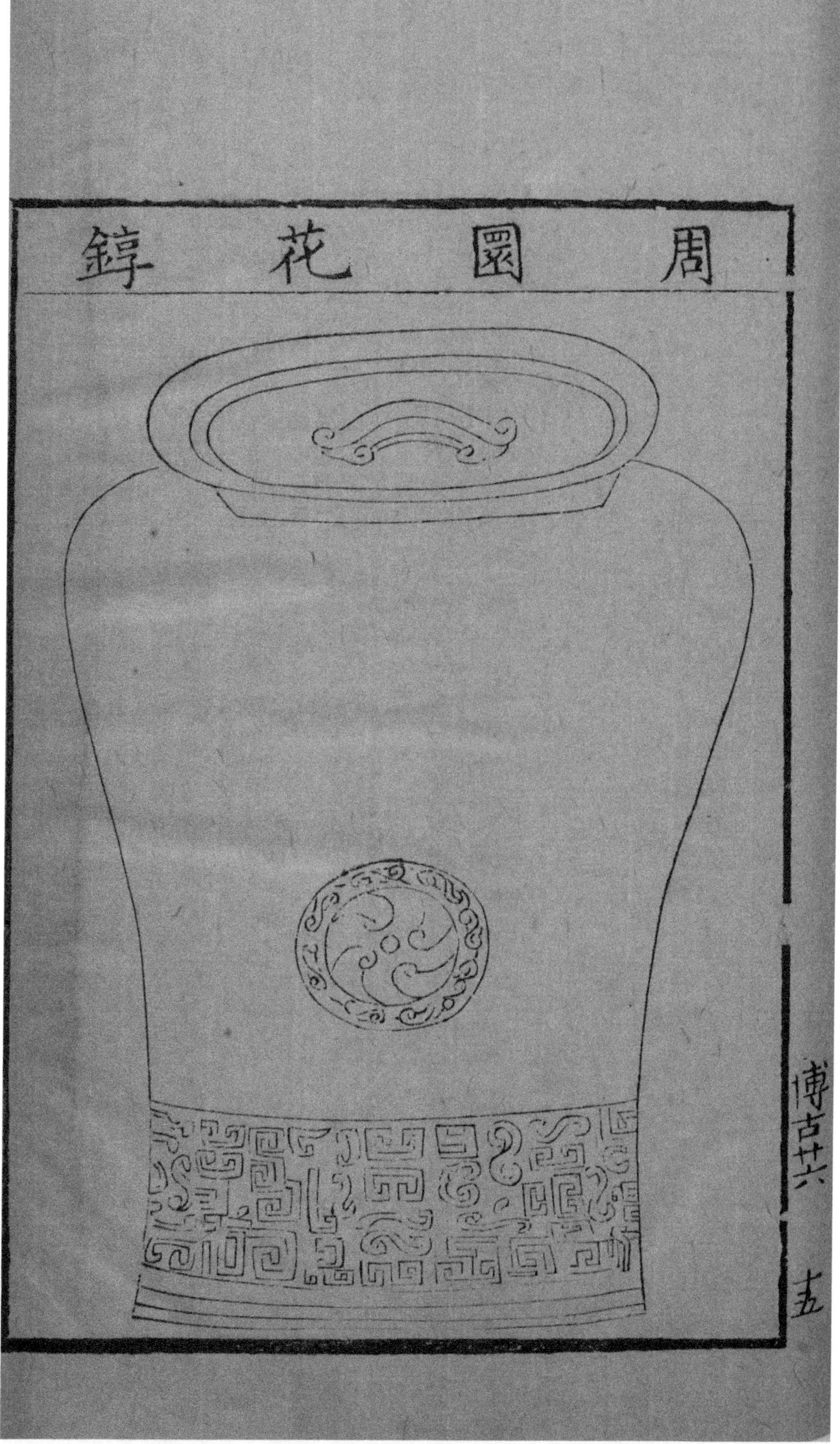
周圜花鎛
博古廿六
五

右高一尺三寸四分上徑長八寸四分闊八寸一分下口徑長七寸闊六寸五分鈕高八分闊一寸五分重十有一斤十兩無銘是器中設圜花丅飾雲雷製作純古蓋周物也非若漢儒禮圖之陋特取象於盉器者不其謬哉

周縶馬錞

右高一尺五寸五分上徑長九寸六分闊八寸下口徑長七寸闊六寸鈕高三寸八分闊一寸五分重十有六斤無銘凡三代之器或象饕餮或著蟠夔或龍或虎或螭或虵類皆不一眎未有以馬為飾者是錞鈕特作縶馬形盖馬性奔逸縶以羈絡則惟人之從而疾徐有節錞以和鼓為事懼其過於淫樂也故有取於縶馬焉盖與舟錞同義舟欲其樂不

流馬欲其樂有節舟惡覆溺而馬戒奔逸故也

王黼云古金錞重一十五斤十有四兩上為縶馬齊書始興王鑑傳廣漢什邡人段祚以淳于獻上有銅馬以繩縶馬去地尺餘灌之以水又以器盛水於下以芒當心跪注淳于以手振芒則如雷清響此錞與段祚所獻無少異今樂府金錞就擊於地

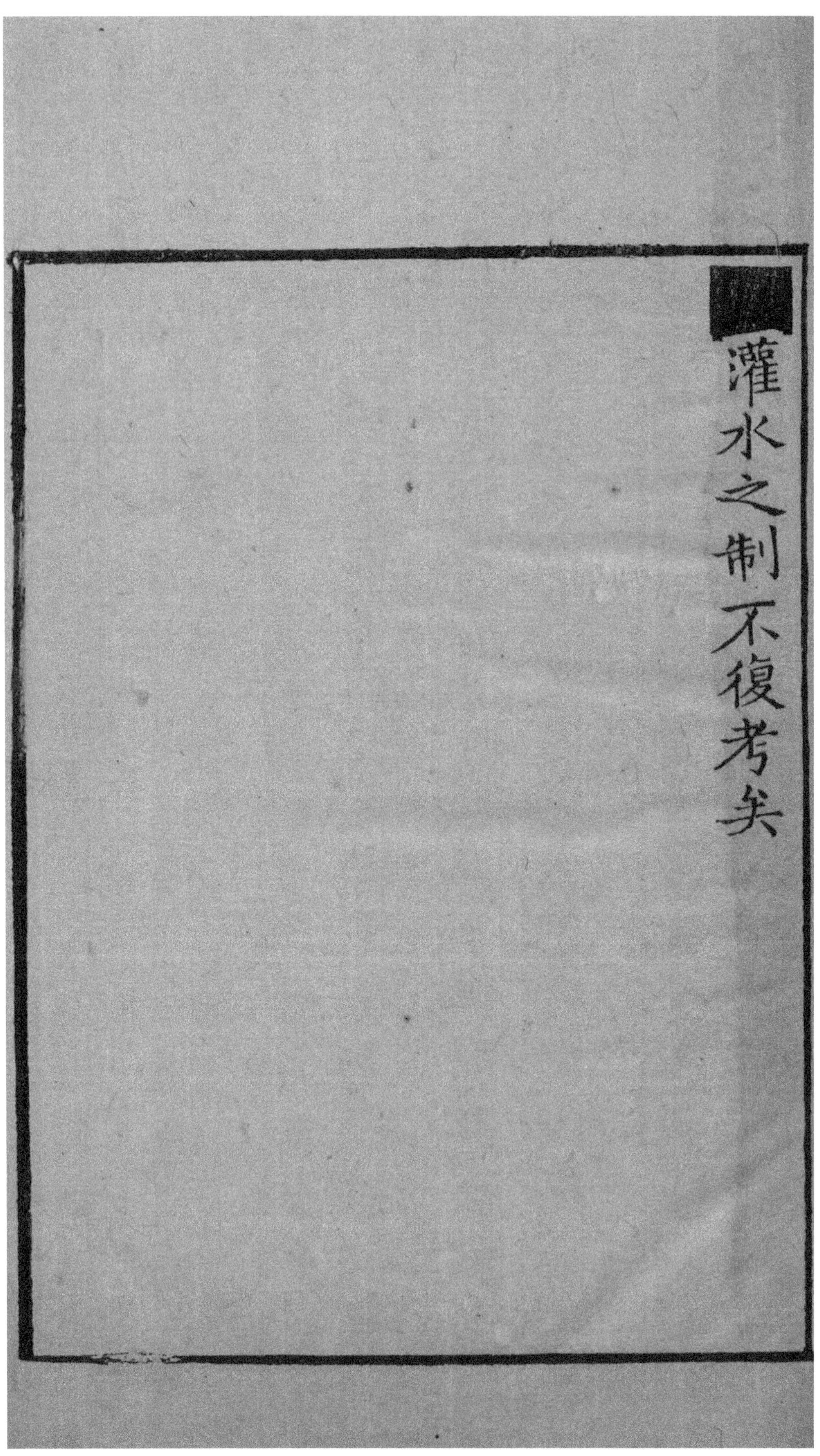

灌水之制不復考矣

周龜魚錞

右高一尺四寸五分上徑長八寸四分闊七寸三分下口徑長六寸五分闊五寸七分鈕高二寸三分闊一寸一分重十有五斤無銘是器以獸爲鈕頂間作龜魚形蓋介蟲三百六十龜爲之長人用之以斷吉凶以别是非魚亦鱗之屬以其類從則鑄器尚象寓以微意莫不有法焉

周魚錞

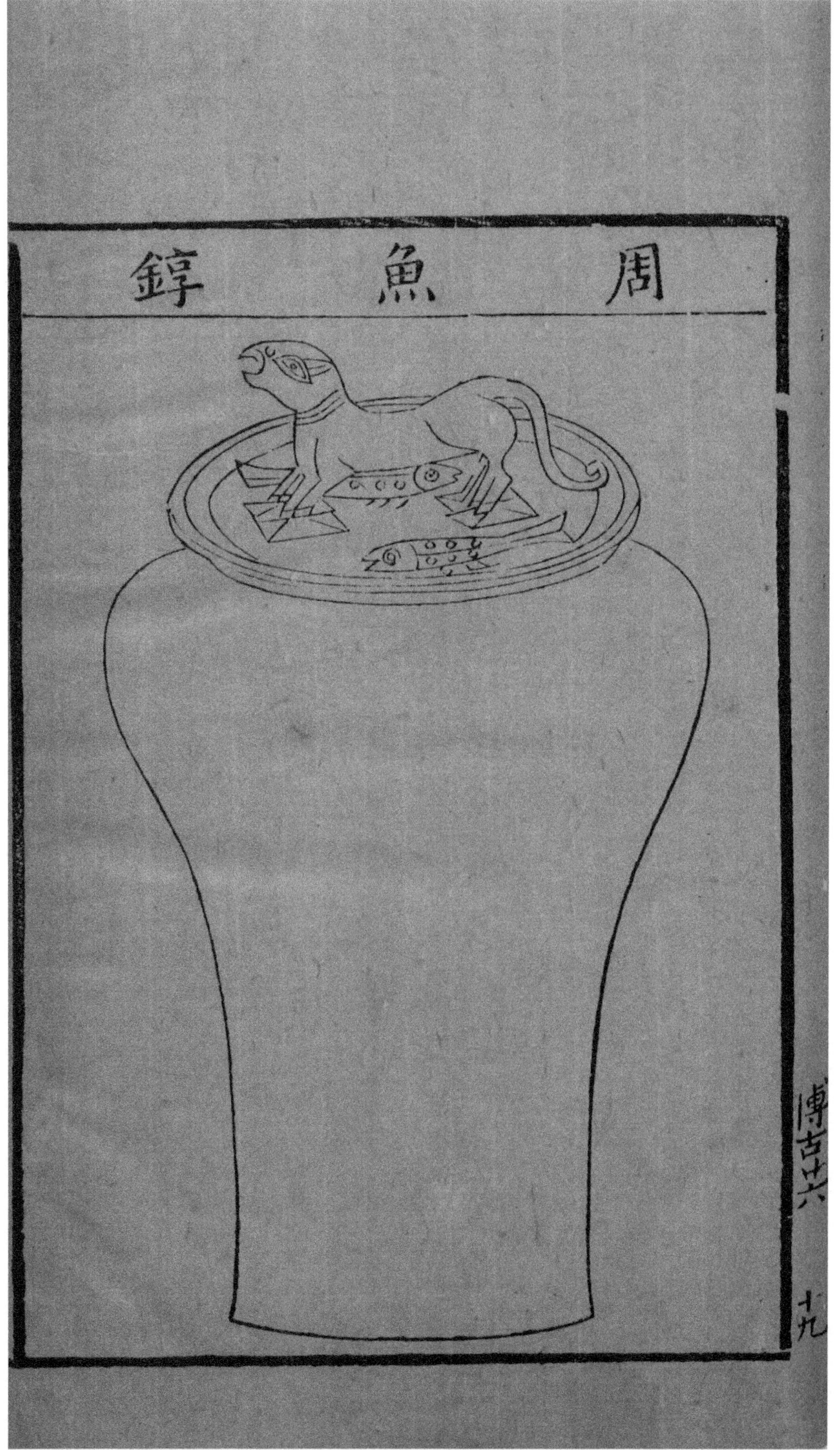

右高一尺二寸八分上徑長七寸一分闊六寸二分下口徑長五寸五分闊四寸七分鈕高八分闊二寸一分重九斤四兩無銘錞佐鼓之器鼓陽也錞陰也此錞獨飾以魚者魚陰物柔巽隱伏隨陽上下亦取夫陽唱陰和之義耳

周雙魚錞

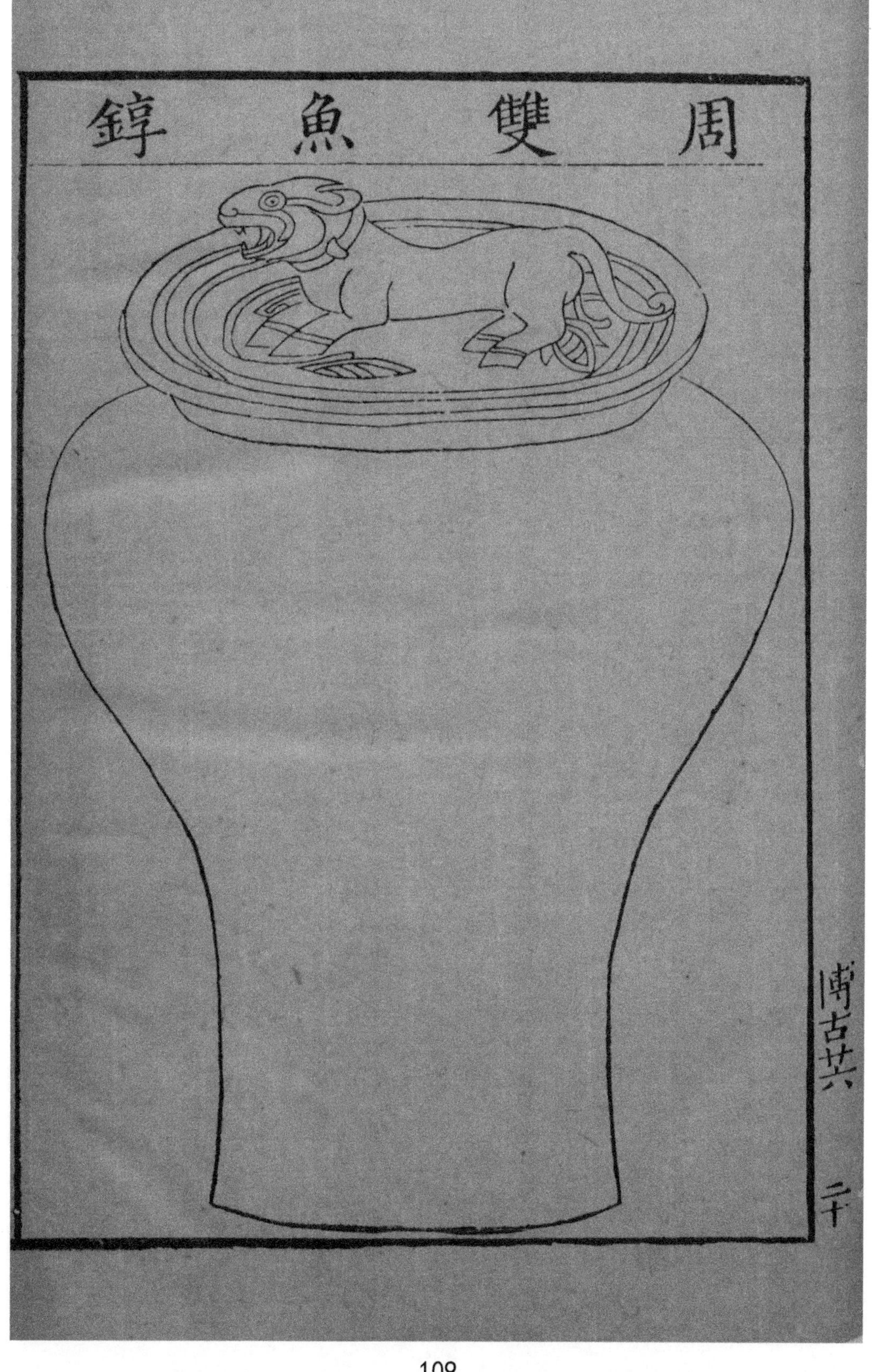

右高一尺四寸二分上徑長八寸四分闊七寸二分下口徑長六寸闊四寸五分鈕高二寸四分闊一寸三分重一十斤九兩無銘古之制器以魚飾者多矣商有魚敦周有魚尊又有魚簠攷其意不過柔弱和順朝夕無寐以勤其事而已是錞以雙魚為飾鈕作螭虎者魚則取其和順而螭虎則取其制節作樂之道如斯而已

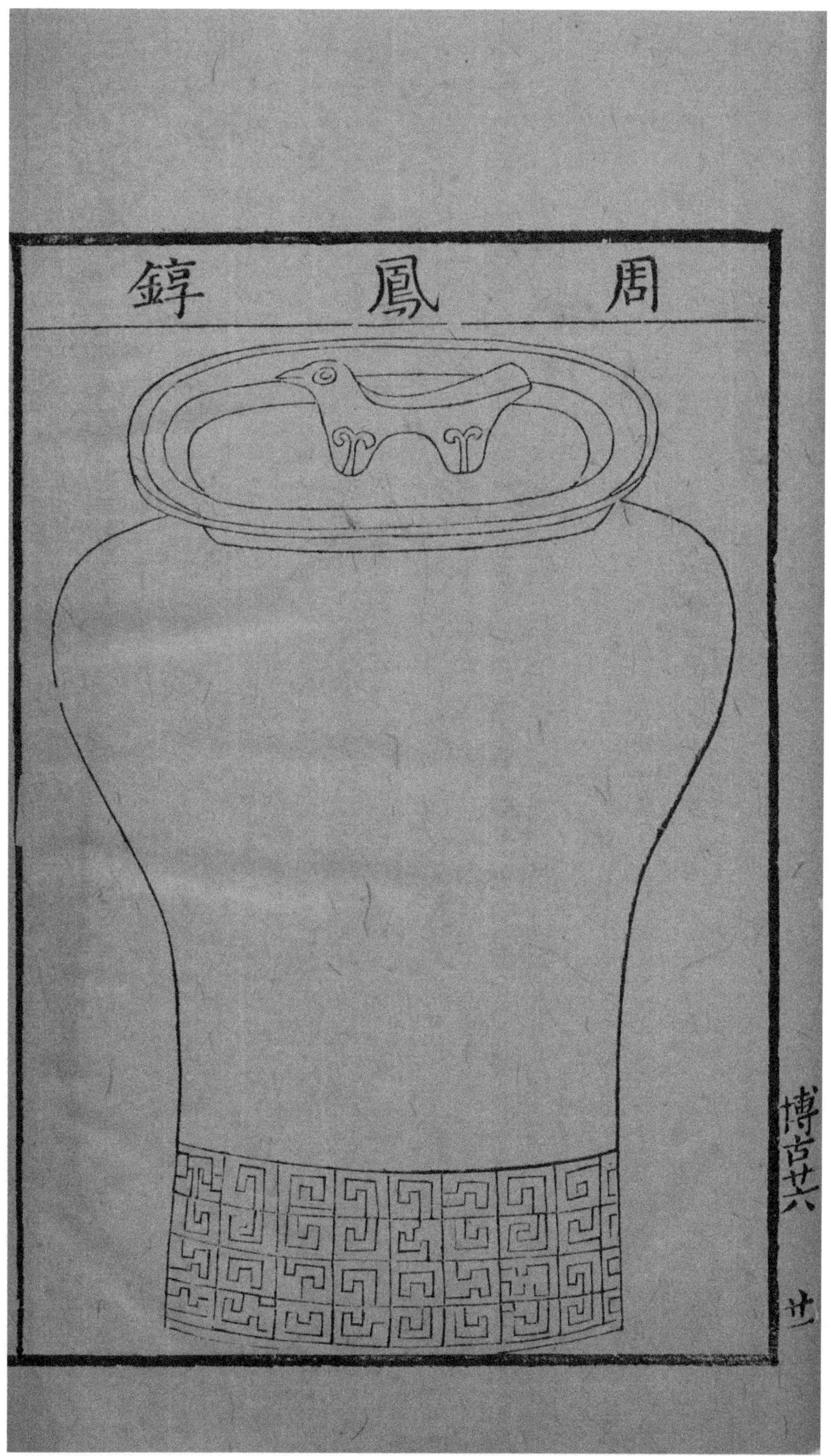
周鳳錞
博古廿六
廿一

右高一尺四分上徑長六寸七分闊五寸一分下口徑長五寸八分闊四寸七分鈕高一寸三分闊五分重一十斤無銘書曰簫韶九成鳳凰来儀蓋以簫韶形聲類鳳故各以其類而應之弦錞之形聲其實象獸肰是錞乃以鳳為鈕則知樂成而感格者舉可以互見也以是知一音不調一物不格皆非所以為樂成矣

周虎錞一

周虎錞二

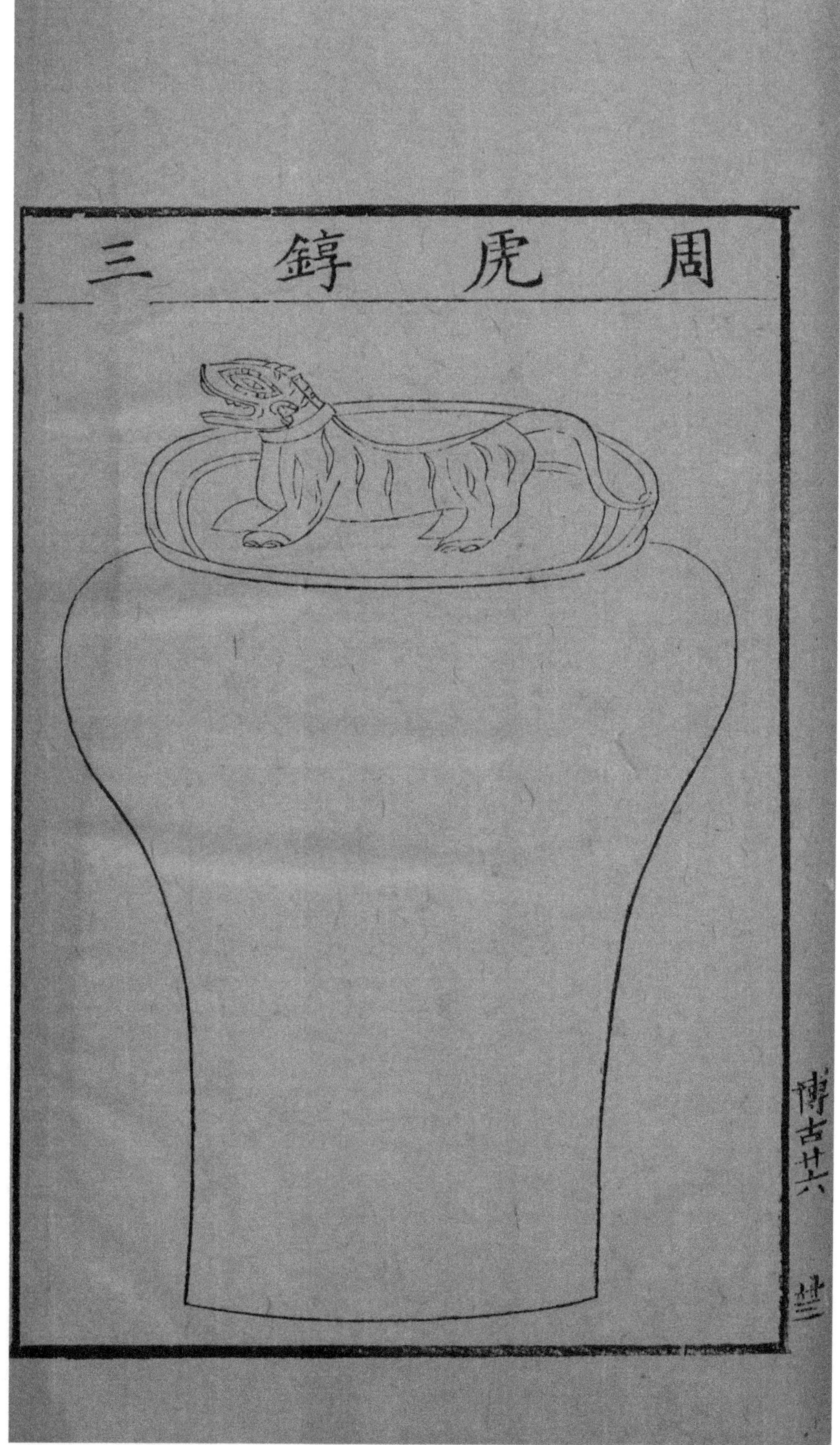

周虎錞三

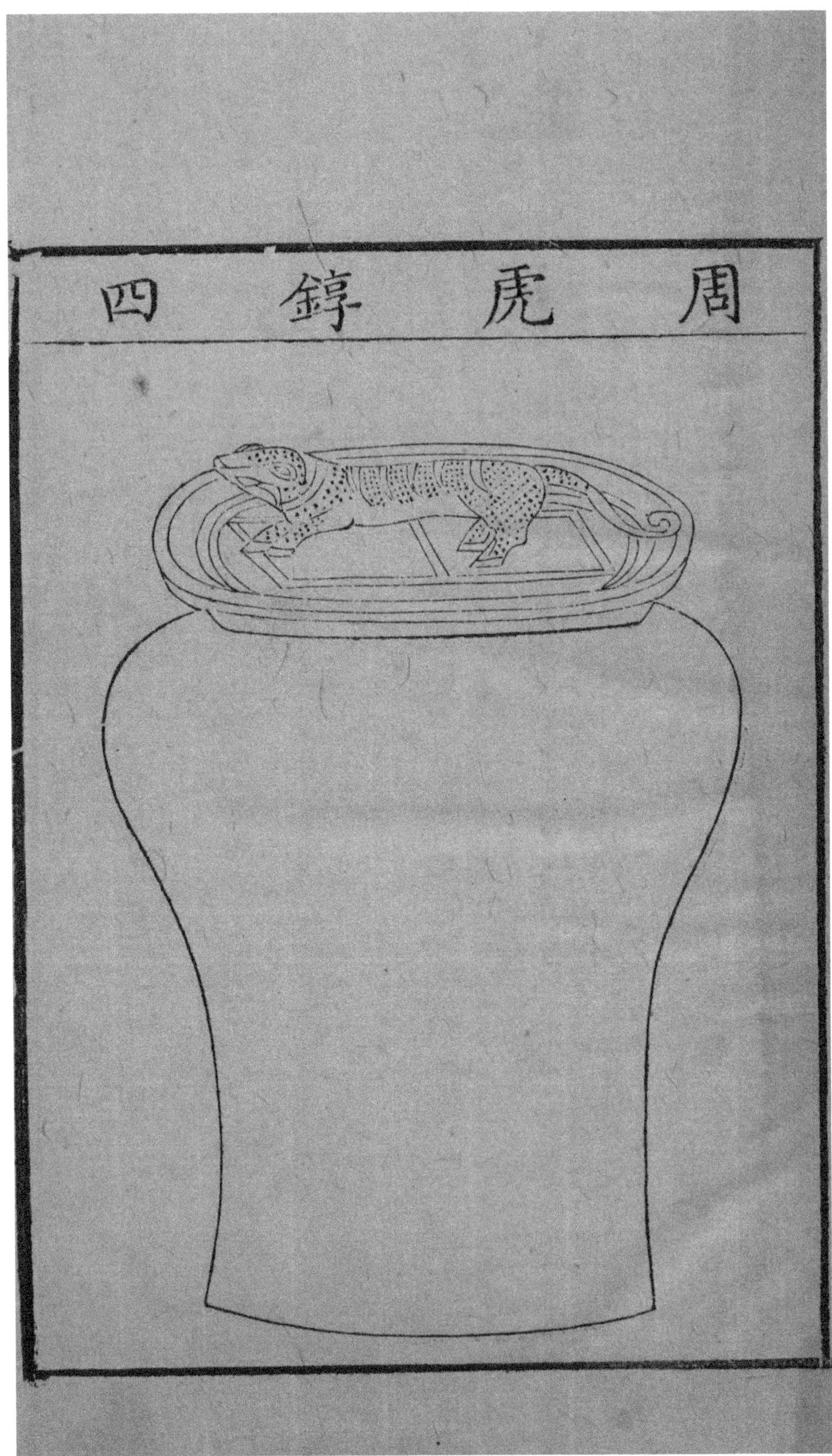

周虎錞四

周虎錞五

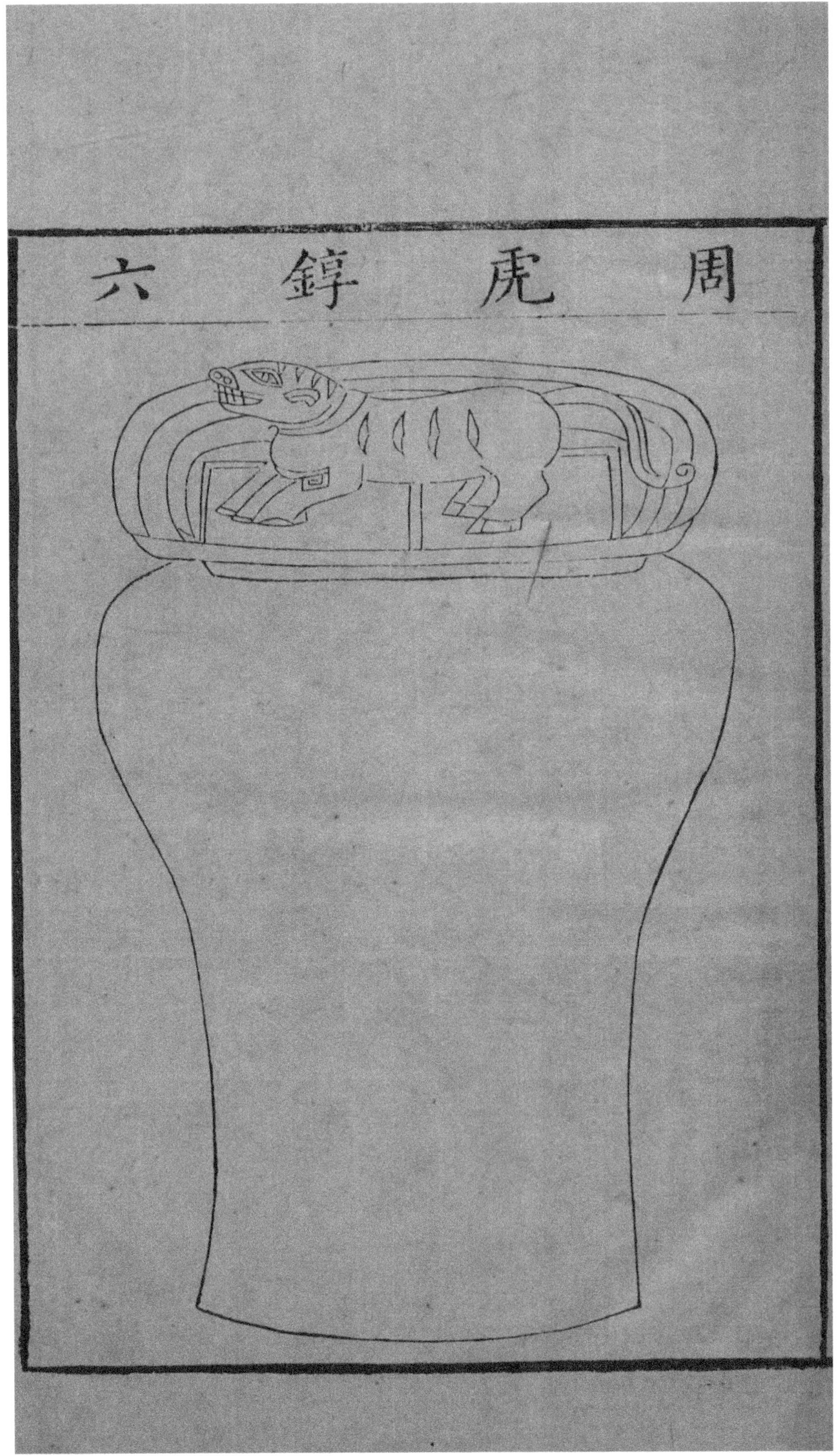

周虎錞六

周虎錞七
博古廿六
廿五

第一器高二尺二寸三分上徑長一尺七寸六分闊一尺四寸下口徑長一尺闊九寸一分鈕高四寸一分闊二寸八分重五十一斤無銘

第二器高二尺四寸三分上徑長一尺七寸七分闊一尺四寸七分下口徑長一尺闊九寸一分鈕高三寸九分闊二寸二分重四十斤無銘

第三器高一尺五寸三分上徑長一尺五分
闊八寸下口徑長七寸一分闊五寸八分鈕
高二寸七分闊一寸五分重十有六斤無銘
第四器高一尺二寸一分上徑長七寸三分
闊六寸五分下口徑長五寸三分闊四寸八
分鈕高二寸一分闊一寸五分重七斤無銘
第五器高一尺二寸三分上徑長七寸四分
闊六寸五分下口徑長五寸四分闊四寸七

分鈕高二寸一分闊一寸七分重六斤四兩

無銘

第六器高一尺三寸上徑長一尺闊八寸八分下口徑長六寸七分闊六寸鈕高二寸五分闊一寸五分重八斤無銘

第七器闕尺寸斤兩

右七器形制皆同大小則異鈕俱作虎狀按虎西方義獸金屬也故於錞有之王安石釋周官鼓人云以錞和鼓蓋鼓則進進則為陽用事之時陰出佐之而已然則取義獸者其在茲歟

周蜼錞一

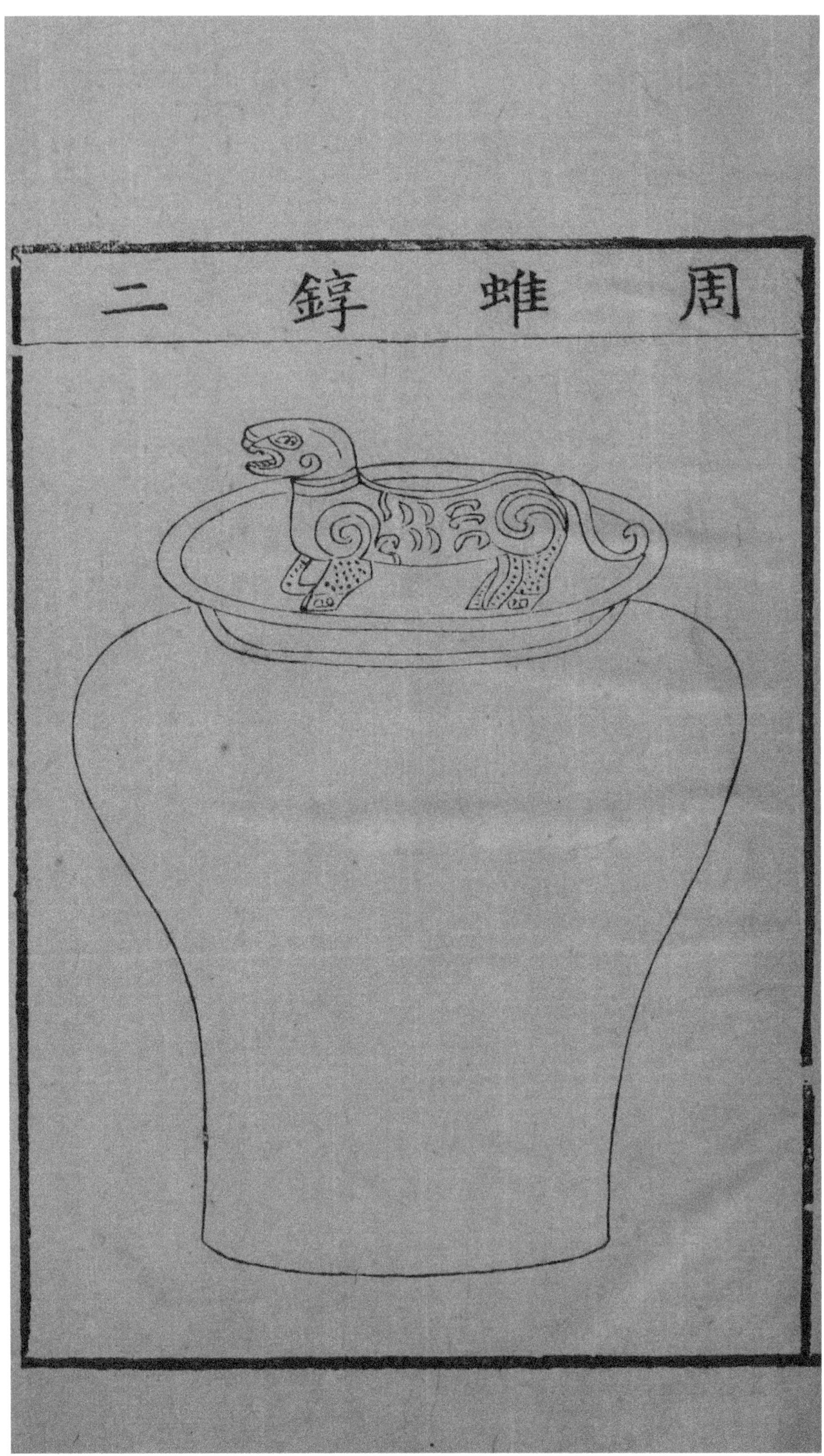

周蜼錞二

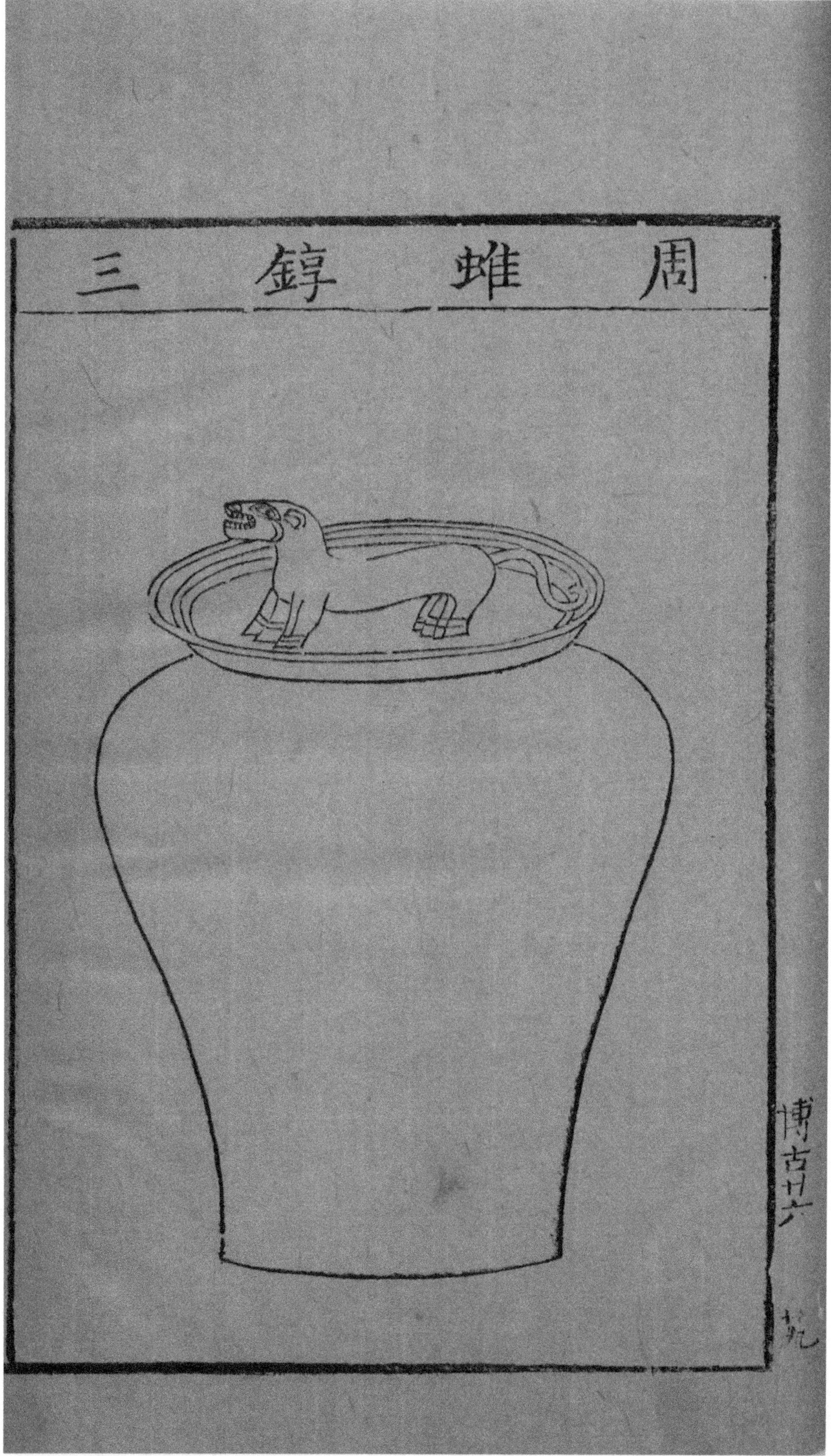
周蜼錞三
博古廿六

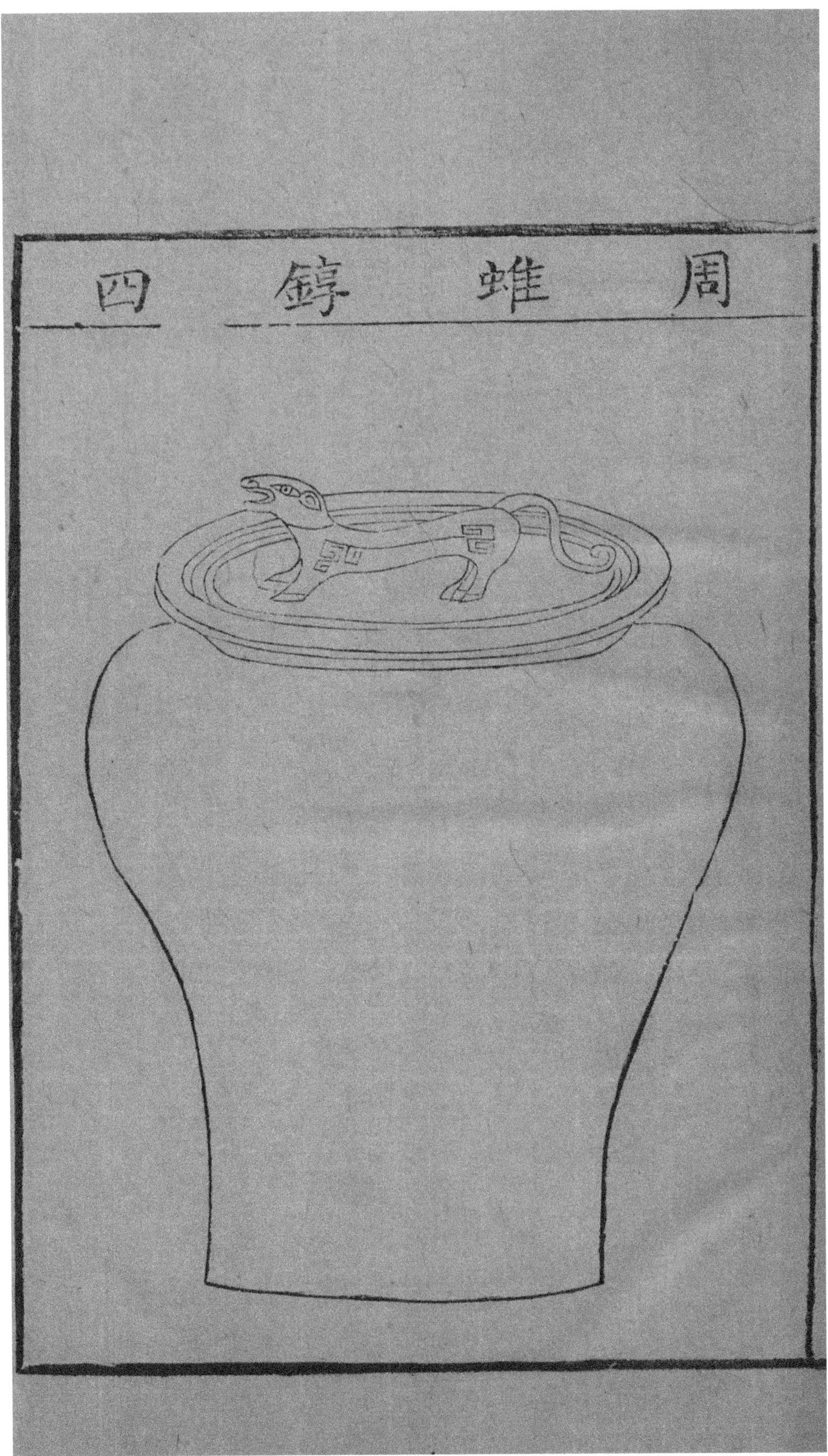

周蜼錞四

第一器高一尺三寸五分上徑長九寸六分闊六寸下口徑長六寸三分闊五寸七分鈕高三寸一分闊一寸重十有一斤二兩無銘

第二器高一尺一寸五分上徑長七寸六分闊六寸四分下口徑長五寸八分闊四寸九分鈕高一寸八分闊一寸三分重八斤十有二兩無銘

第三器高一尺六寸上徑長九寸八分闊八寸六分下口徑長七寸闊六寸五分鈕蝕剥

不完重二十斤無銘
第四器高一尺三寸五分上徑長一尺一寸闊八寸五分下口徑長八寸三分闊六寸八分鈕高三寸一分闊一寸六分重二十一斤無銘
右四器皆以蜼為鈕蜼用鼻禦雨智獸也周官司服宗彝謂虎蜼蓋以飾之於宗廟彝器之間以為法焉錞之為用其鳴必以時智者之道也

鐸鉦鐃戚總說

凡樂之作皆所以象成者也若昔王業之興自湯武巳来蓋未嘗不先於以武定天下之亂也方其定亂之初總兵之事咸掌於司馬而軍旅之行與夫臨陣對敵則有坐作進退之方進退坐作者必齊之以金鼓鳴鼓以進鳴金而退由是有鐸鉦鐲鐃之用焉及其敵者服暴者亡櫜弓束矢戢干戈而散馬牛則

功成矣斯有象成之樂則取彼所以成功之事而形于歌詠由是鐸鉦鐲鐃復施於作樂之際也夫鐘磬必調於律呂而合奏則繫之絲木越之匏竹小大清濁雜比而為和凡此所主者樂之均也若夫鐸鉦鐲鐃則非假調乎律呂鏘猷並作特用以為節儉而與鼓相間故周官鼓人之職以金鐸通鼓是也執而振之舞者視而為容焉如鐲之用乃其一類

耳鐲即鉦也特器同而名異至若鐃則又為止鼓之器樂記曰復亂以武武即鐃也以其舞畢而鳴鐃以治理之為亂也且舞有文舞焉干羽所以象文有武舞焉干戚所以象武詩稱值其鷺羽者謂析其羽而持之以舞乃文舞也其謂朱干玉戚則武舞也武舞執戚用示其威故耳凡玆數器原其始要其終合為一類故宜兼收以備古人之制可考而知

其法

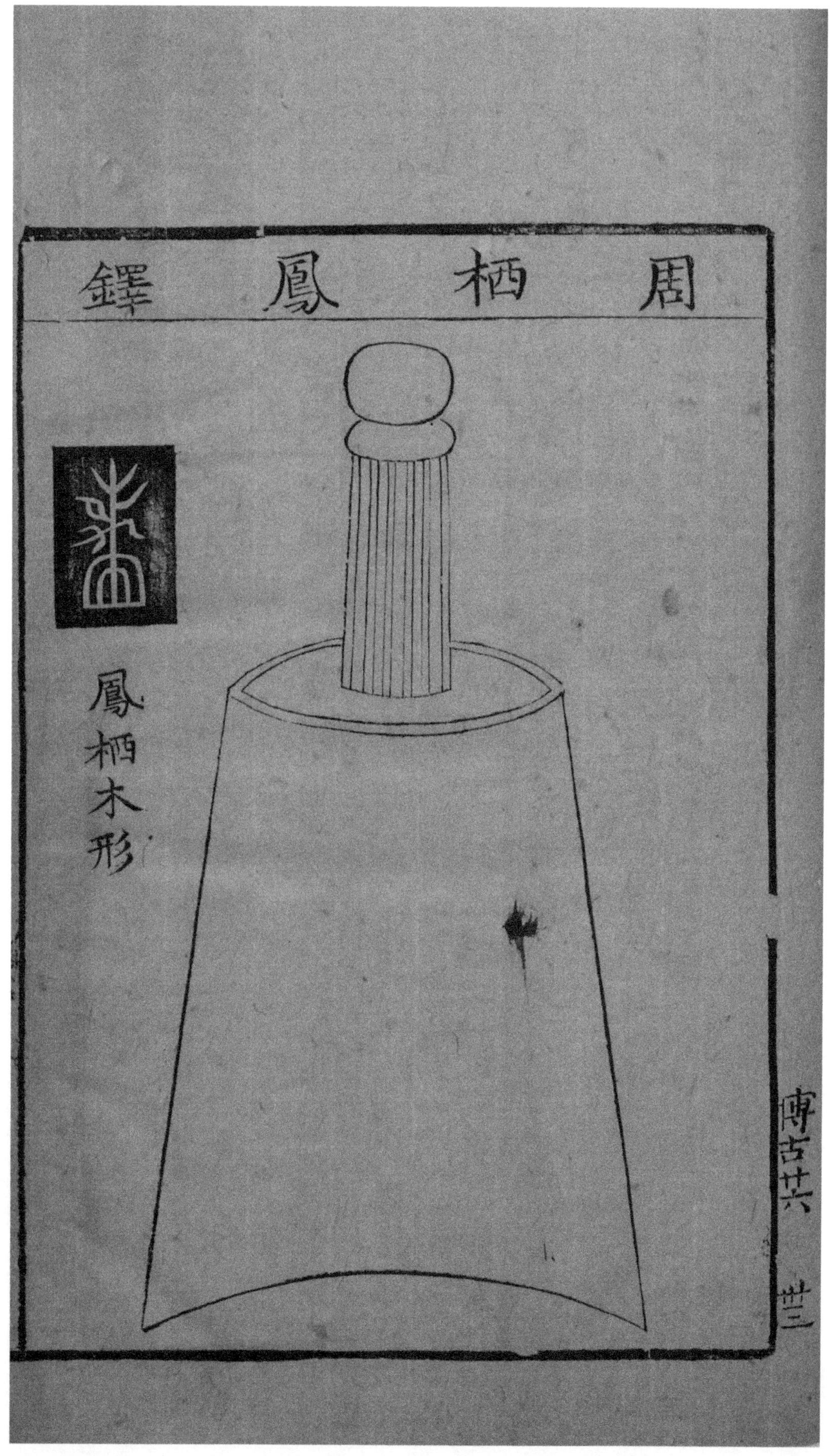
周栖鳳鐸
鳳栖木形
博古廿六
廿三

右高六寸八分柄長四寸七分上徑長（闕一字）寸（闕一字）分橫三寸下徑長四寸四分橫三寸（闕一字）分重七斤三兩銘作鳳栖木形是器鐸也周官鼓人以金鐸通鼓凡樂舞必振鐸以為之（闕一字）銘之以鳳厶取其鳳皇来儀之象而為栖木形如詩所謂鳳皇鳴矣于彼高岡梧桐生矣于彼朝陽盖鐸者樂之節取其樂調而（闕二字）（闕二字）之也

周雷柄鐸

右高六寸八分柄長三寸八分徑一寸上徑長三寸三分闊二寸八分下徑長四寸一分闊三寸六分重四斤十有一兩無銘古者以木鐸振文教以金鐸奮武衛故書言每歲孟春遒人以木鐸徇于路而鼓人以金鐸通鼓則鐸雖微物其為用亦大矣後世不知所重往往倣之以為紥車之警然其音聲猶有暗合於律者故晉荀勉作樂詔天下上牛鐸而

出於龍德太一宮養種園之地豈其潛邸之符有應於是耶且自古在晉凡所以揆文教和樂律一本之於鐸然惟天下文明然後有此今鐸出於龍德太一固知不徒然也其有半兩錢一百三十有九異布錢二十有三與夫六花小鑑馬勒環同時而出豈非其應於明時為錢流地上控制蠻夏之兆耶

周穟草鉦

右高一尺一寸八分柄長六寸徑二寸二分上徑長九寸七分闊六寸四分下徑長一尺一寸九分闊八寸六分重六十三斤無銘古之田役令其目以旗幟令其耳以鼓鉦於是聞鼓則知進以鼓陽也聞鉦則知止以鉦陰也蓋鉦亦不止用於節鼓而已是鉦所飾篆畫突起兩面狀獸首而中象黃目周以穟草其製作為周物無疑也

周龜純鉦

右高一尺七寸八分柄長闕一字寸九分徑四寸三分上徑長一尺七寸闊一尺八寸下徑長一尺九寸五分闊一尺四寸闕一字分重二百五十四斤無銘夫是器鉦也闕五字葢鉦以止鼓為義龜位壬癸於闕五字而其為物又性隱伏故取之以為飾也周官公司馬執鐲鐲即鉦也然則司馬闕三字陰類耳先王之於彝器或飾之或闕三字豈一不各有

其意飾之則覩器而能知所用司之則用器而必稱其職豈苟然哉

周瑞草鉦

右高二尺一寸二分柄長一尺二寸上徑長一尺七寸二分闊一尺一寸五分下徑長二尺一寸八分闊一尺四寸重三百斤無銘觀此形制上出柄而中空正許慎所謂似鈴柄中上下通者是也然慎又以鉦爲鐃按周官鼓人以金鐃止鼓而釋者亦云鐃如鈴無舌與慎之說蓋合又許子銘鐘謂之鈴鐘疑古之鈴制與鐘同而此鉦也雖無枚篆之飾大

欒與鐘相類則知似鈴之說亦不謬矣其兩面四周皆作瑞草蓋連理芝草蓂莢嘉禾皆草之為瑞者故瑞應圖曰八方合為一家則生連理古瑞命記云王者慈仁則芝草生白兎進亦曰德至地則嘉禾生蓂莢起而是歟瑞皆德之所致則取以飾鉦亦見王者之兵剪暴除害以德天下耳故異詩人何草不黄之刺也

周隧鉦

右高一尺闕一字寸闕一字分上徑長
一尺闕一字寸闊闕一字寸闕一字分下徑長一尺五寸二
分闊一尺闕一字寸重闕一字十八斤有半無銘柄闕一字

闕九字蟠夔縈紆糾結之狀
闕九字鐘之隧攠制耳厭鉦
闕十字其柄扵座而鳴之
闕十字隧當在上也

周雲雷鉦一

博古廿六　四十二

周雲雷鉦二

前一器高一尺五寸五分柄長七寸九分上
徑長一尺二寸六分闊八寸下徑長一尺七
寸闊一尺二分重一百五十斤無銘
後一器高八寸五分柄長五寸八分上徑長
七寸九分闊五寸下徑長一尺二分闊七寸
重四十斤無銘
右二器皆以雲雷為飾按詩之常武美宣王
能立武事而曰如雷如霆徐方震驚則兵所

貴者在能震朕而巳不特如此雷為天威而兵者所以將天威者也雷之收發必以其時而兵者貴乎戢而時動者也雖朕雷之所作澤必從之則吾之兵非以毒天下也乃所以利之耳又況止戈為武而鉦又取夫止于一而巳

周雷紋鉦
博古廿六　器

右高九寸五分柄長六寸二分徑二寸一分上徑長八寸九分闊五寸四分下徑長一尺二寸四分闊七寸六分重五十一斤無銘是器通體周以雷紋每面作兩黃目獨柄純素無紋其規模復少變於它鉦耳

周雲目鉦
博古共六

右高七寸五分柄長四寸八分徑一寸八分上徑長六寸九分闊四寸三分下徑長九寸四分闊五寸四分重二十五斤四兩無銘是器内外遍飾雲紋或輕或重兩面各設兩目上為雲翳四邊帀以連珠比百寳錠為稍純質㬵形制大槩相類蓋一時物耳

博古卄六　罒六

右高一尺一寸二分柄長六寸徑一寸八分上徑長九寸四分闊五寸二分下徑長一尺一寸七分闊七寸八分重四十五斤無銘是器兩面作獸形突起蟠夔中設二目純緣間飾以雷篆正取其節鼓之義且其柄中通若鐘甬故目曰通甬鉦云

漢舞鐃一

漢舞鐃二

第一器長六寸九分徑四寸重一斤四兩無

銘

第二器長六寸六分徑三寸九分重一斤無

銘

右許慎謂鐃小鉦也如鈴無舌鳴之以止擊

鼓者也是器頗近其制而特有舌焉蓋欲便

於作止不待擊而後鳴也然不獨卒長職此

而已且舞人亦用之樂記曰復亂以武則以

武爲鐃謂舞人鳴此以治理之而又以爲退
卻之節也

漢舞戚

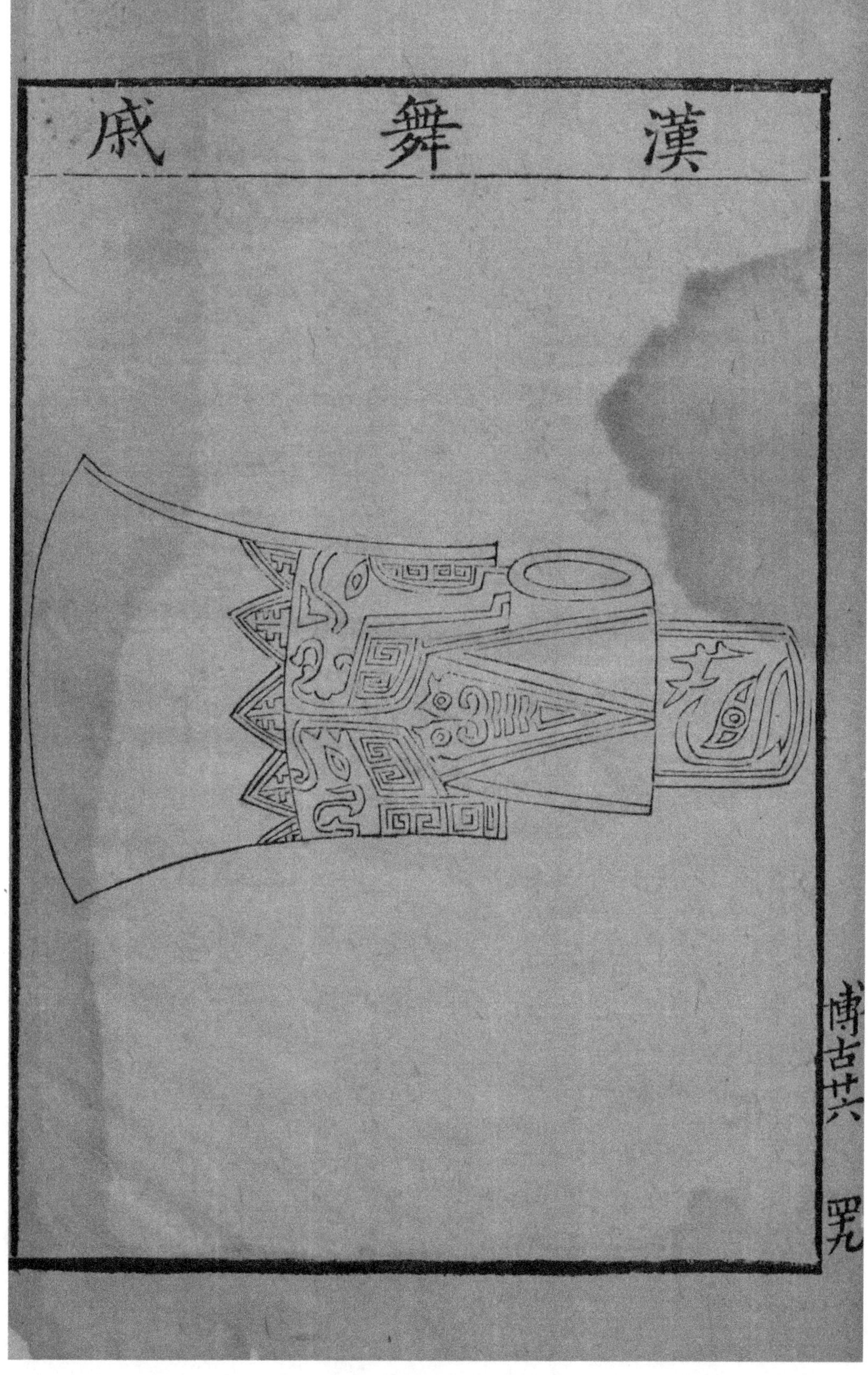

右長六寸闊三寸重十有三兩無銘夫戚盖司殺者之所秉用以為舞則以象其武安柄處作蟬紋柄之外作兩目中作饕餮垂花之飾紋鏤精妙非漢不能為也

漢片雲戚

博古廿六　五十

右長七寸六分闊四寸三分重一斤無銘形戚也戚斧屬又為樂之器此若片雲狀而兩端徵卷中作三圜竅容柄處為三耳蓋戚以玉為柲柲即柄也所謂朱干玉戚者此其戚歟

博古圖録考正卷第二十六

博古圖録考正卷第二十七

弩機鐓奩錢硯滴托轅承轅輿輅飾表座

刀筆杖頭等總説

漢

弩機七器

書言府弩機銘二十七字

銀錯弩機一

銀錯弩機二

銀錯弩機三

銀錯弩機四

銀錯弩機五

銀錯弩機六

鐓

三器

金銀錯鐓

鳩杖首鐓

鉞鐓

奩五器

鳳奩

獸奩

四神奩

蟠虬攜奩

連環攜奩

錢九器

厭勝錢一

猒勝錢二
猒勝錢三
猒勝錢四
猒勝錢五
藕心錢一
藕心錢二
藕心錢三
藕心錢四

硯滴二器

龜蛇硯滴一

龜蛇硯滴二

周

托轅二器

辟邪車輅托轅一

辟邪車輅托轅二

承轅一器

輅飾虎首承轅

漢輿輅飾

周雙螭表座

漢五器

表座

旂鈴

刀筆

蟠龍杖頭

蟠螭杖頭

唐蹲龍

漢鳩車

六朝鳩車

漢龍提梁

弩機鐓奩錢硯滴托輮承輮輿軨飾表

座刀筆杖頭等總說

百工之事皆聖人作故凝土鑠金載諸傳記莫不由夫智者創巧者和後世因之以為天下用而取法以成焉不然則炙之戈和之弓垂之竹矢藏乎王府時出而陳之復何意耶夫弩生於弓謂夫出自於越與吳讎敵而為之利爾然在商書固已有曰若虞機張往省

括于度則釋之語足見弩機之設其来久矣今此則有機焉詩所謂厹矛鋈鐓則已嘗見於成周之世矣今此則有鐓焉古之貴老為其近於親也老者其食多噎而鳩為不噎之鳥則賜之鳩杖今此鳩杖乃其遺制也奩者閨房脂澤之器自漢盖有之矣錢則或鑄厭勝薦心之異硯滴則或具龜蛇之形各出一時之巧製也且一器而百工備焉者車為多

則托轅承轅與夫致飾之物猶可觀也立表以測影則表之遺座猶足用也斿則有鈴在上刀則與筆相副杖若靈壽而以龍首冠之以至蹲龍充乘輿之物鳩車戲兒童之樂銅梁備提挈之要事雖末務器則精工凡此諸物煎鍊鎔範塗金錯銀雕鏤詰曲若蛟螭蟲魚之紋與夫奇葩異卉雲盤而水折者細若馬鬣縈如珠絲極天下之妙而為其觀美焉

是雖異夫鐘鼎禮樂之器亦或可以取法故

宜繼其後者也

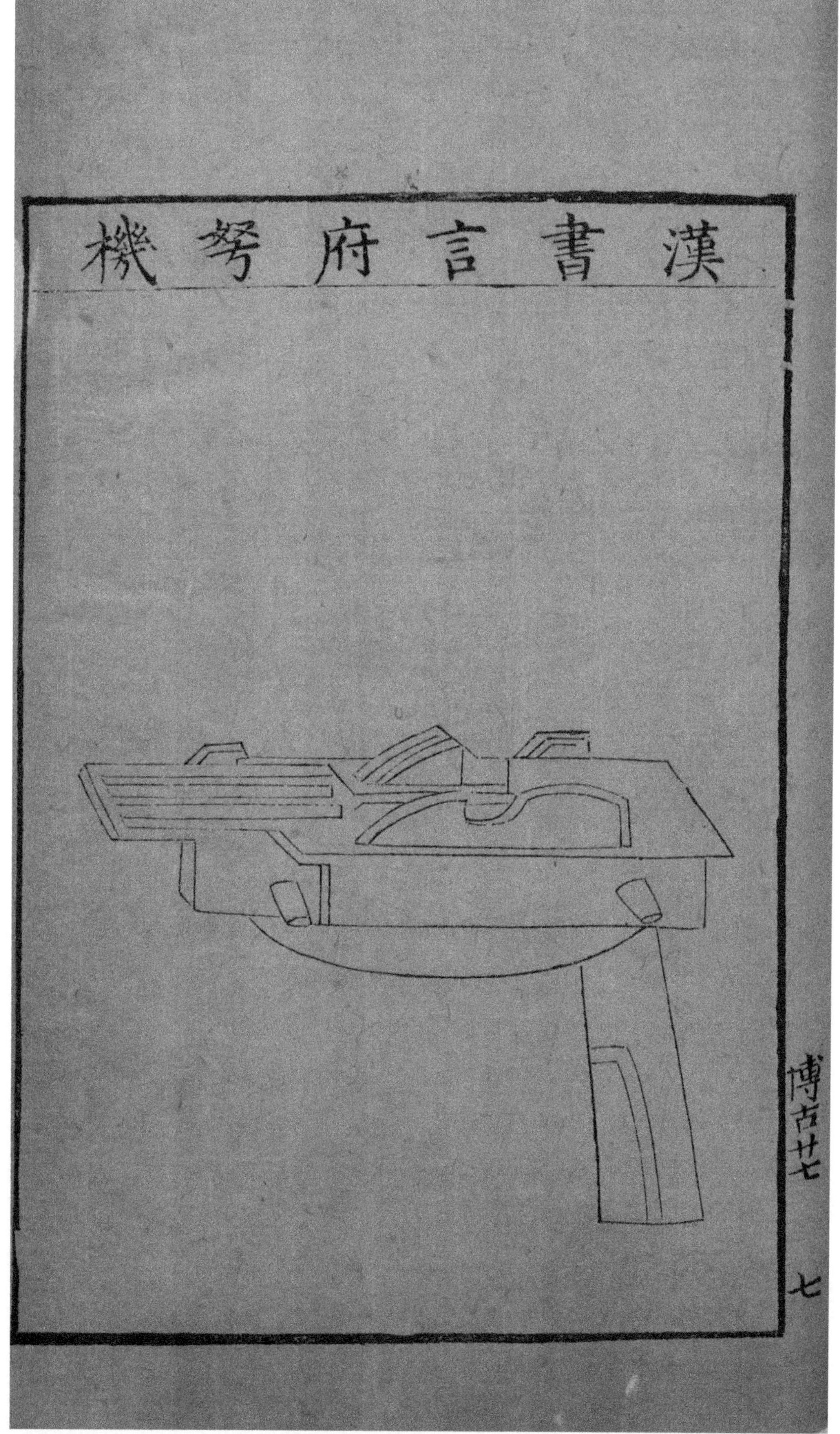

漢書言府弩機

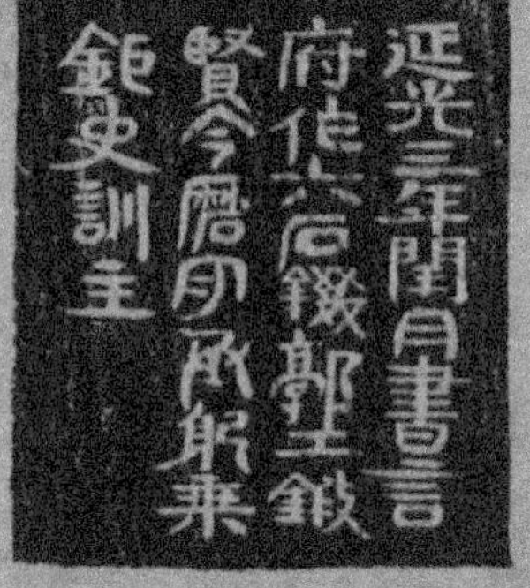

延光三年閏月書言
府作六石機郭工鍛
賢令磨守丞躬秉
鉅史訓主

右高三寸八分長四寸三分闊二寸一分重一斤一十兩銘二十七字曰延光三年閏月書言府作按延光三年蓋東漢孝安皇帝即

位之十九年也是年歲在甲子閏在十月不言十月而言閏月舉閏則知十月也書言府者所謂言則左史書之之義天祿石渠之屬也蓋漢之武庫隨府有之如盾省是也又若工若令若丞若史皆銘之於機則知闕二字器戒不虞昔人尤在所慎者是機之形方且密而紋鏤細若絲縷縮結則可賴此以固邦國者非特於前書孝宣之際以示後人也

漢銀錯弩機一

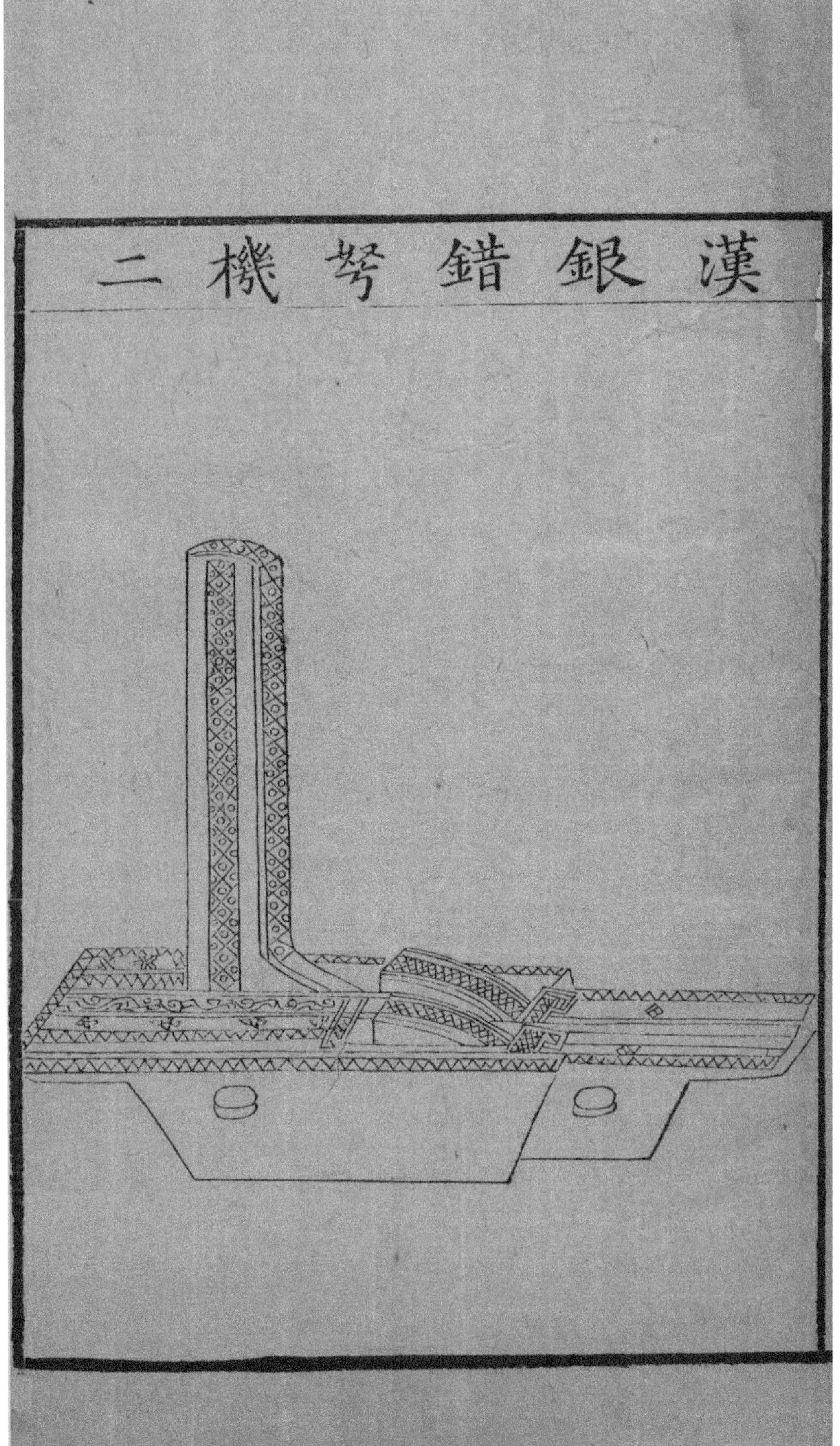

漢銀錯弩機二

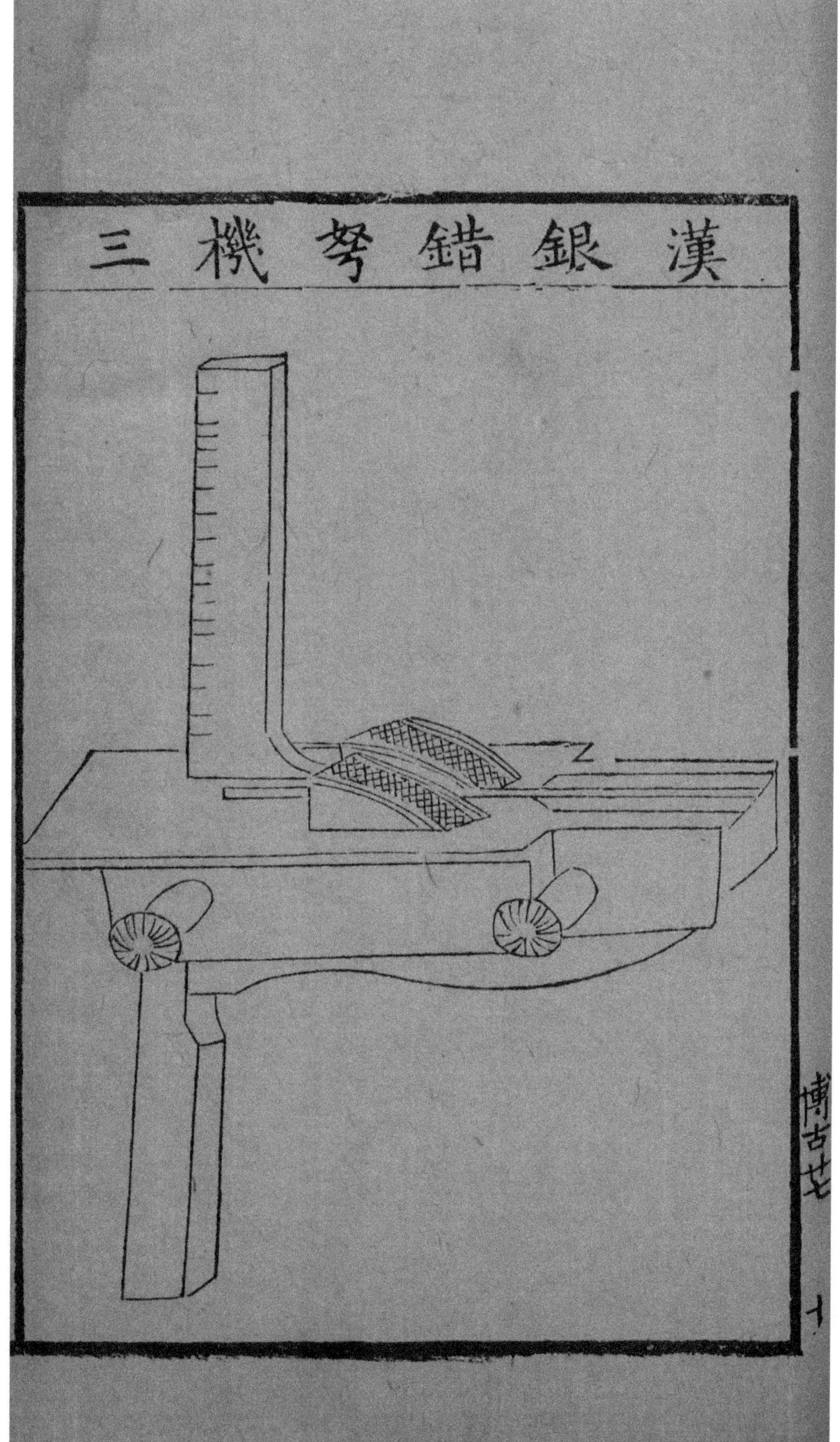
漢銀錯弩機三
博古廿七
十

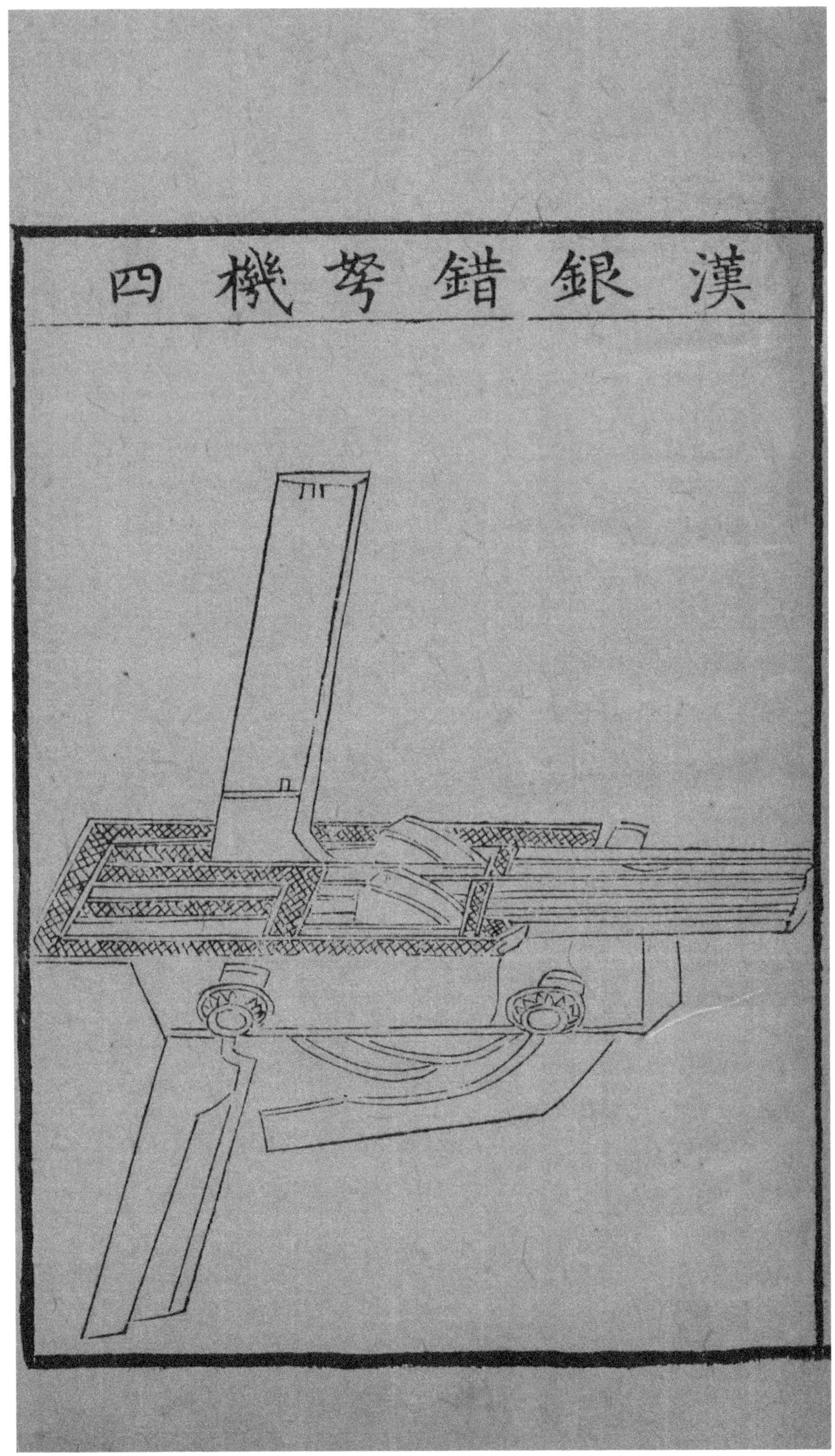
漢銀錯弩機四

漢銀錯弩機五

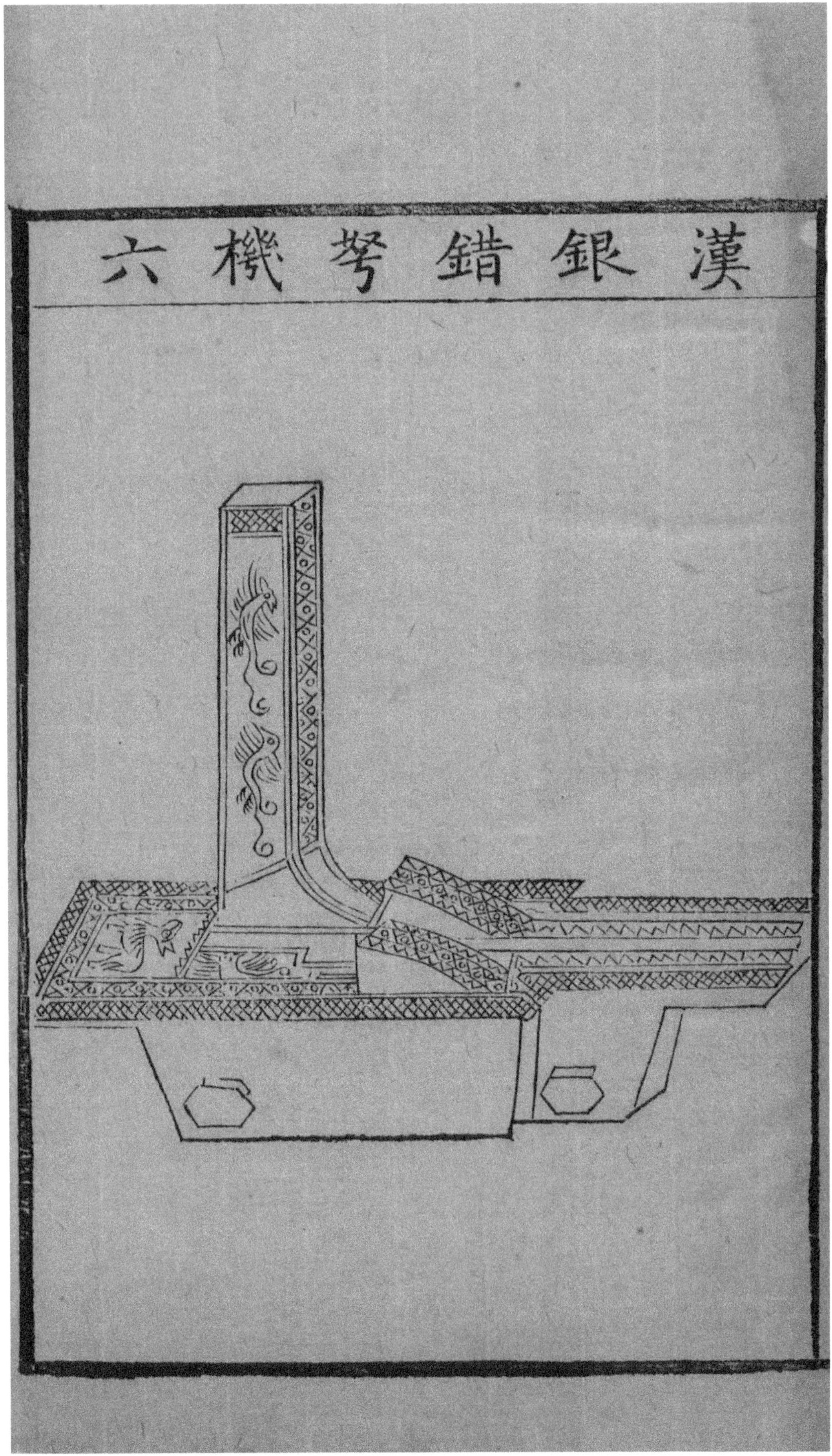

漢銀錯弩機六

第一器長五寸闊一寸二分重一斤一兩無銘

第二器長四寸八分闊一寸一分重一斤闕一字兩無銘

第三器長四寸六分闊一寸一分重一斤一十兩無銘

第四器長五寸一分闊一寸二分重一斤七兩無銘

第五器長五寸一分闊一寸二分重一斤十

有三兩無銘

第六器長五寸七分闊一寸四分重二斤二兩無銘

右六器皆飾以銀錯細紋獨後二器復著飛鳥之形如詩之常武言如飛如翰而大明稱尚父亦曰維時鷹揚以取擊搏飛揚之勢則弩機之飾此古人豈無意哉至於機間立度以銀約之為分寸正所謂機有度以准望者也

漢金銀錯鐓

博古廿七　十三

右長二寸九分圍徑二寸一分重三兩無銘是器為圜筩起節如竹一端中空可以置鎗一端為頂作方稜是必古人用以飾物柄者鈿以黃金間以白銀花雲之狀燦然可愛雖非古亦近世所不能到

漢鳩杖首鐓

右通長七寸五分徑長一寸闊六分共重九兩無銘是杖之端獨狀鳩形蹲伏其上復回其喙以理左翼錯以金銀其管綺處又飾之以山雲鷹隼麋兔之狀僅若毫髮宛然畫筆耳其鏤則專以銀飾花草雖精巧而韻古也

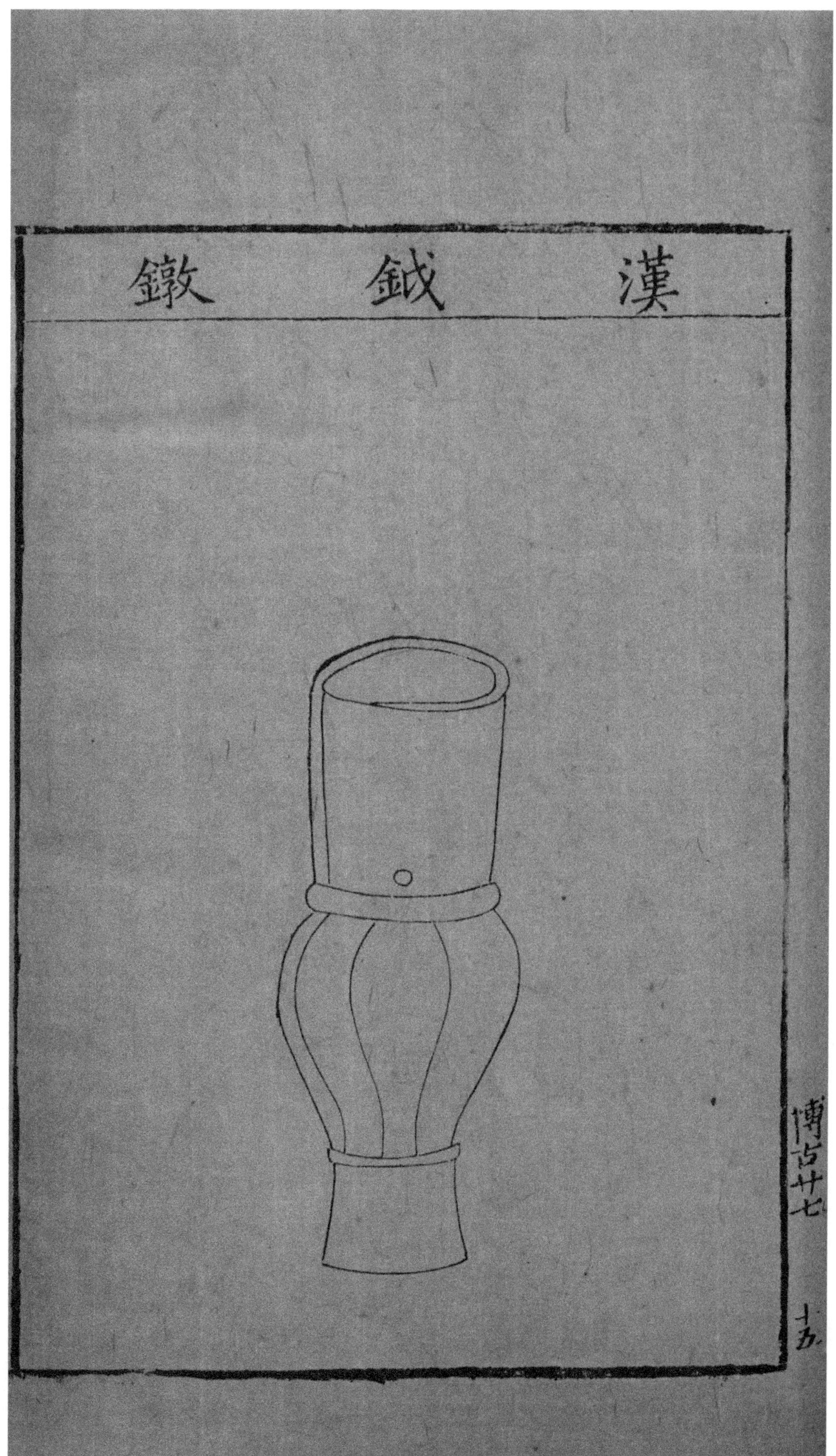

漢鉞鐓

右通長三寸九分上闊一寸二分下闊八分重七兩有半無銘其鐓平而不銳鐓之上通為八稜又其上授鉞柄處作小竅橫簪以固之如冠之有簪導也按司馬法三代之斧在夏執玄鉞在商執白戚在周杖黃鉞蓋夏商周所用之色不同而所以為斧則一也漢之用鉞乃其遺法歟

漢鳳奩

通蓋高六寸深三寸五分口徑長三寸二分闊二寸六分容九合有半共重一斤十有一兩無銘

漢獸奩
博古廿七
七

通蓋高六寸深二寸七分口徑長三寸四分闊二寸四分容七合共重二斤一兩無銘

右按許慎以奩爲鑑觀古人貯物之器多以奩稱不獨爲鑑而設昔丁度以奩爲香器意其有得於是考其形方若檻蓋如屋栱一飾以鳳一飾以獸所飾雖異制度大槩相若

周四神奩
博古廿七
十六

右通蓋高六寸八分深四寸三分口徑七寸五分容六升八合共重六斤九兩無銘是器奩也蓋起三羊回頸相向項間以四神為飾且四神乃在天之象昔人扵軍陳已嘗取此肰奩乃妝鑑之具飾以此者古人制器尚象至扵冕旒服飾未有不取象扵天者也此器純間為方斜雷紋三足作熊狀肰熊者男子之祥著為妝鑑之飾深有旨也

漢蟠虬携奩

右通蓋高八寸四分深七寸三分口徑三寸三分容三升共重二斤無銘奩蓋閨房脂澤之具按是器狀若截筩蓋頂飾以蟠虬上下純素三足之為熊形而耳作獸狀連環龍首以為提梁取其便於攜挈

漢連環攜奩

厭勝錢一

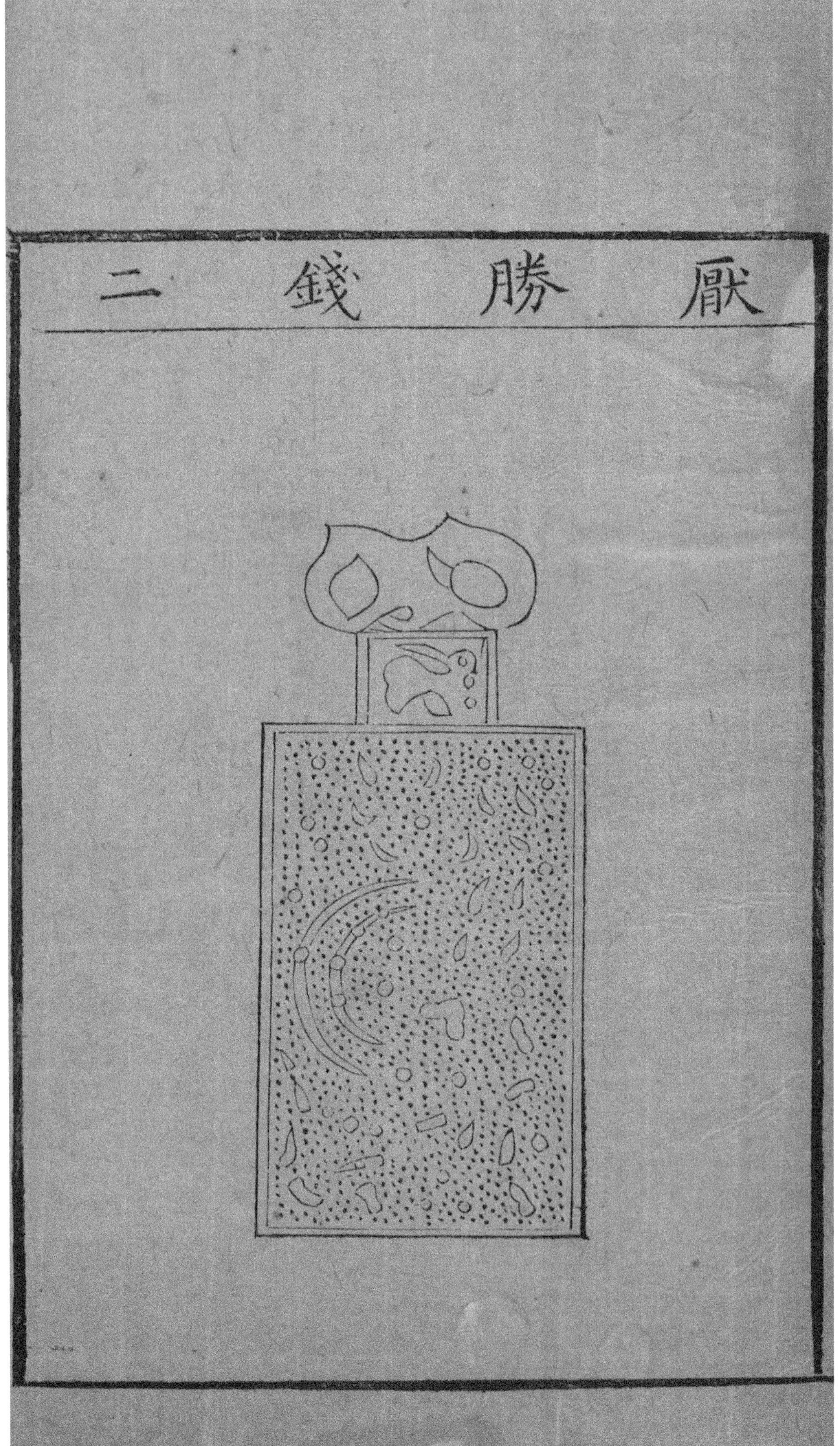

厭勝錢二

厭勝錢三

厭勝錢四

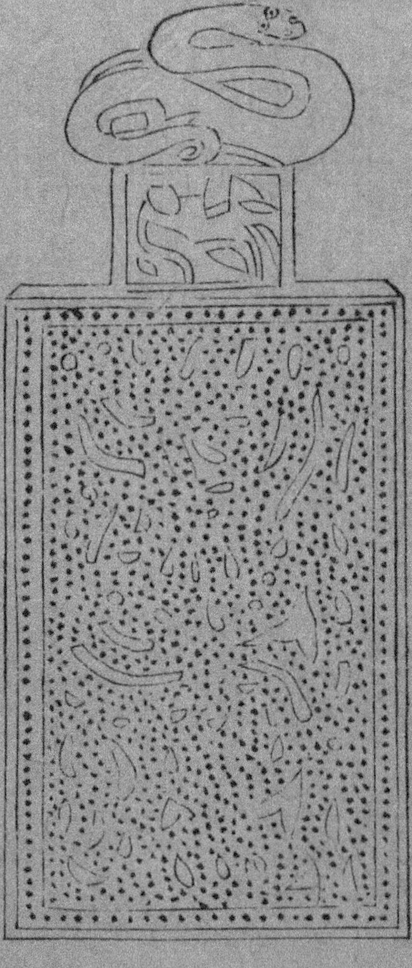

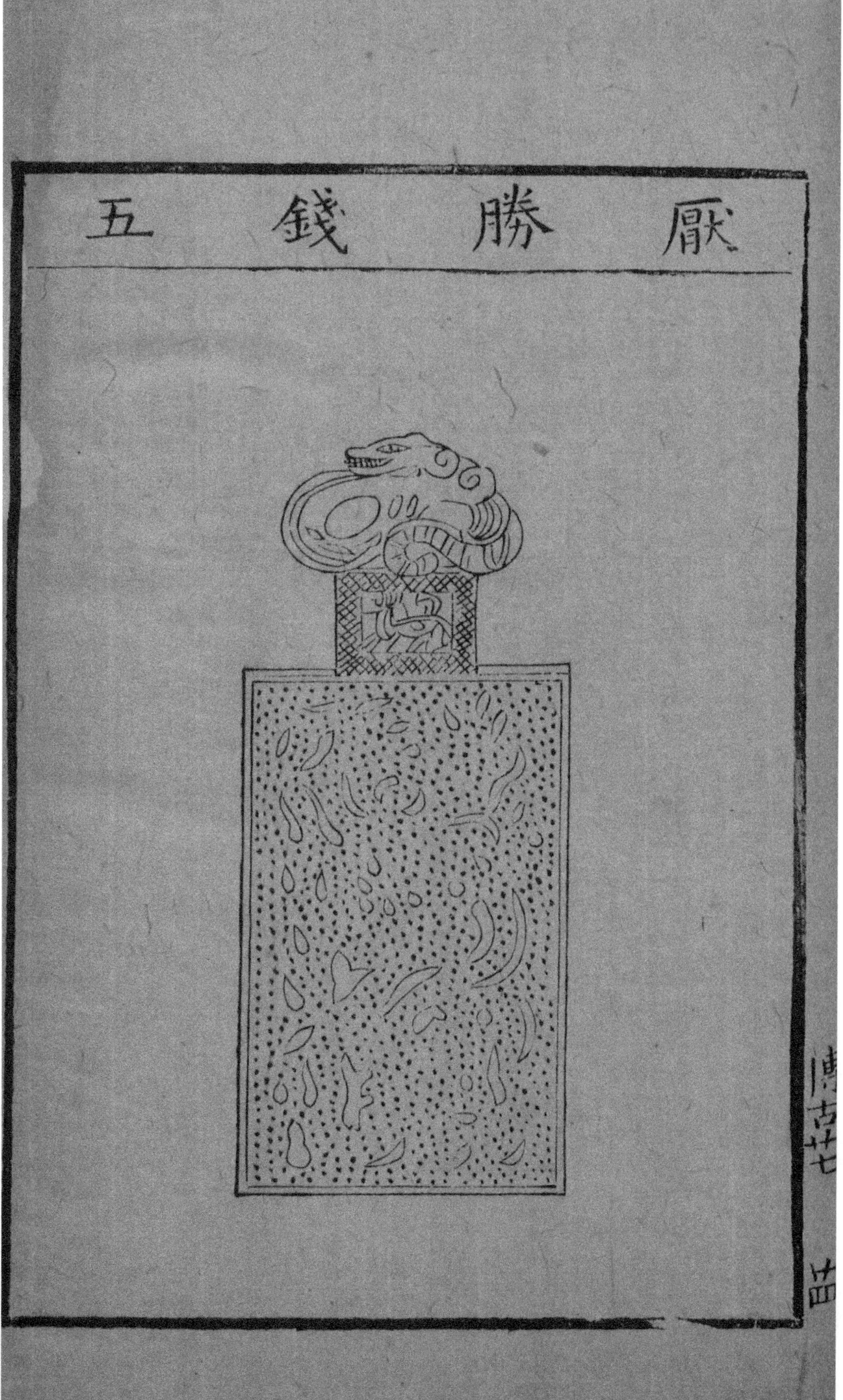
厭勝錢五

第一錢通長六寸八分闊二寸一分重六兩
有半無銘
第二錢通長五寸六分闊一寸七分重三兩
有半無銘
第三錢通長五寸七分闊一寸七分重三兩
有半無銘
第四錢通長五寸七分闊一寸八分重三兩
有半無銘

第五錢通長五寸七分闊一寸八分重三兩有半無銘

右按封演錢譜漢武造銀錫白金爲三品一曰其文龍二曰其文馬三曰其文龜而小橢之謂其圜而長也今此錢一體之間龍馬並著形長而方意有類於此肰下體蟠屈隱起粟文似非漢武之制者又李孝美圖譜有永安五男錢體勢雖圜輪郭皆著粟文與此少

類肰孝美號之曰厭勝錢則是錢殆亦用之為厭勝者耶且錢謂之泉布則取其流行無窮之義而此著龍馬者蓋行天莫如龍行地莫如馬亦泉布流行之謂歟

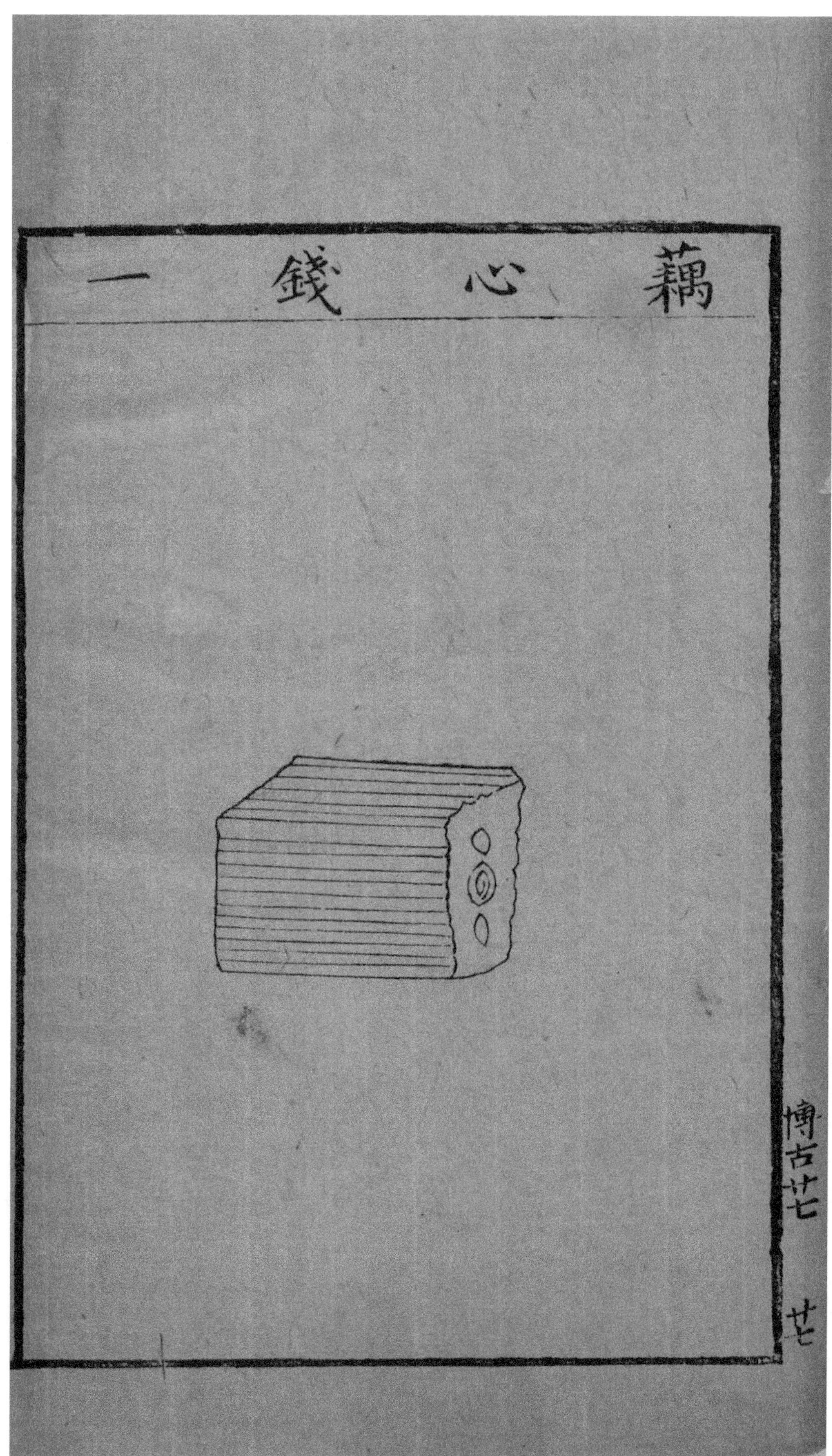
藕心錢一

藕心錢二

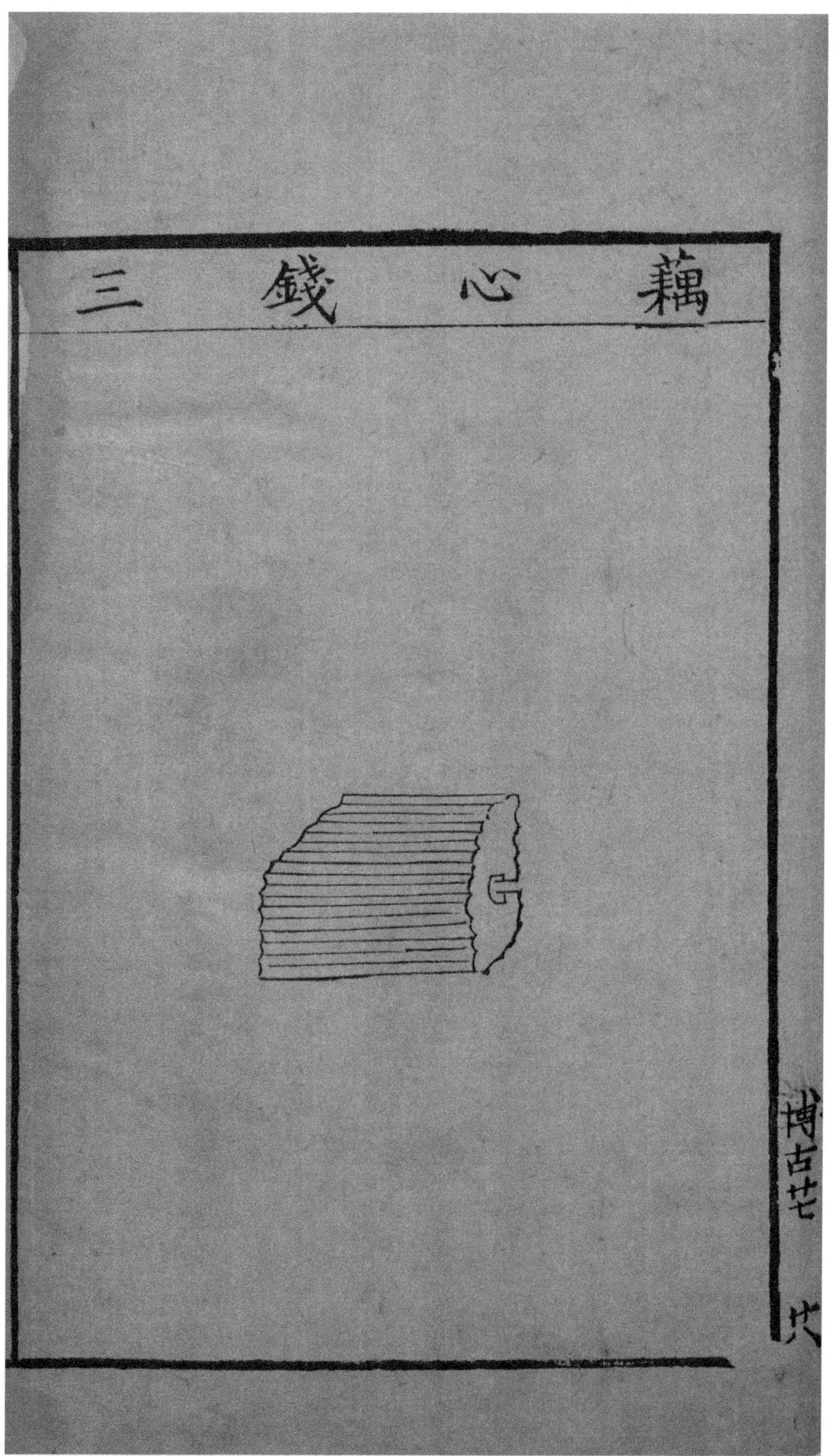

藕心錢三

藕心錢四

第一錢長一寸二分闊九分重二兩一錢無

銘

第二錢長一寸一分闊七分重一兩三錢無

銘

第三錢長一寸二分闊七分重一兩二錢無

銘

第四錢長一寸二分闊三分重二錢有半無

銘

右四者大小雖殊皆若破藕狀按李孝美錢譜稱世有藕心錢不著出於何時及觀其畫像與此雖異然其說以謂上下通缺若藕挺中破狀與此乃正相合但未知其何世物耳

漢龜蛇硯滴一

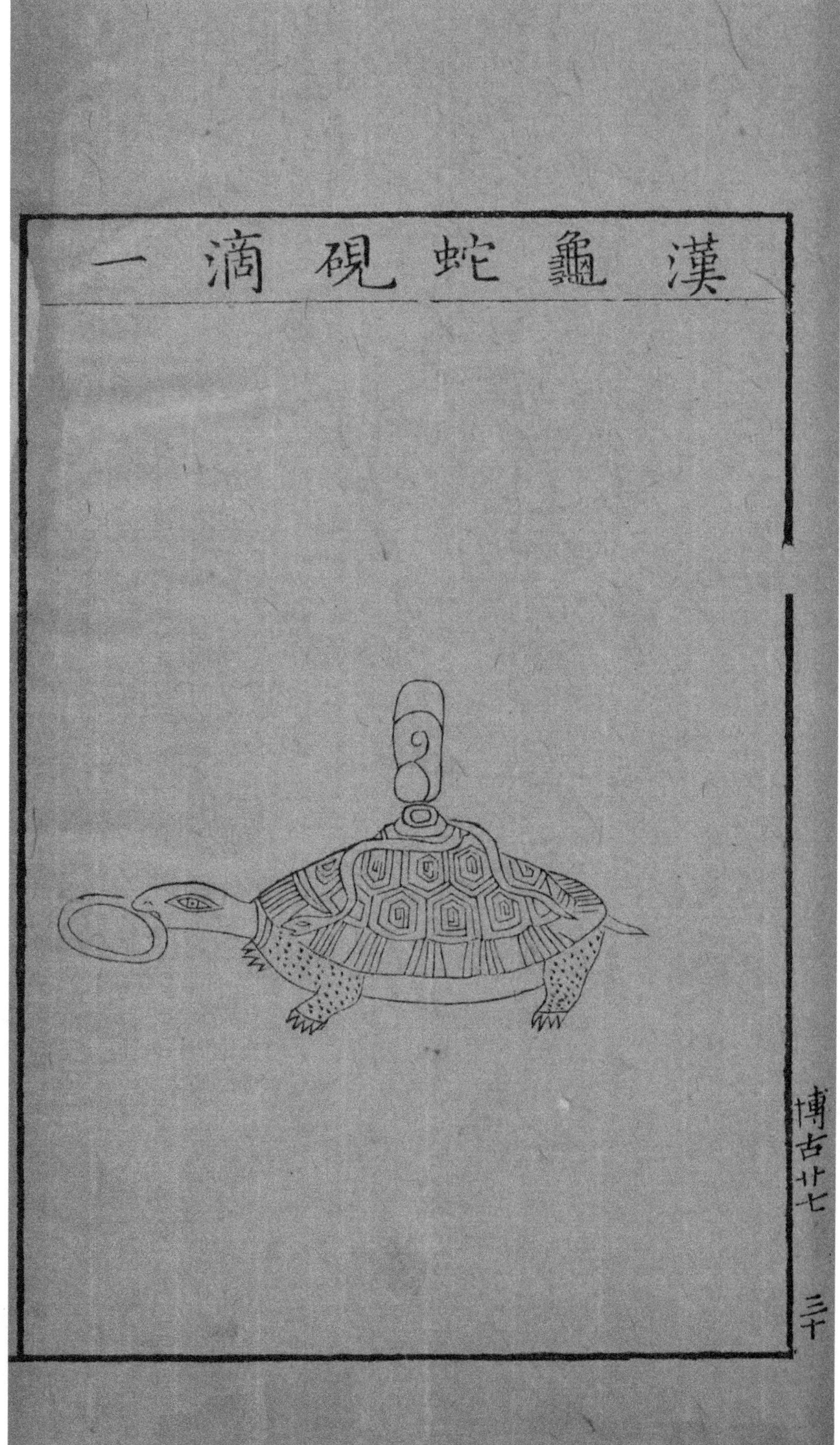

漢龜蛇硯滴二

前一器高一寸五分深一寸二分口徑三分
有半容半合重六兩無銘
後一器高一寸四分深一寸一分口徑三分
容半合重四兩三分無銘
右二器硯席中奇玩也作龜負蛇而有行勢
背為圜空可以納水其一製小獸如指大以
立背上皆口銜物若盂狀遇水出則吐盂中
製作精妙究有生意非古人不能為也按龜

蛇北方獸主水用以飾此蓋取其類耳

周辟邪車輅托轅一

周辟邪車輅托轅二

前一器高二寸三分通長六寸重一斤無銘

後一器高二寸三分通長六寸重一斤無銘

右二器輿輅飾也葢古人輿服未嘗無制結

旌綏旌有見於車之别如輕如軒有見於車

之容衡則有鑾和則在軾而輿輅之設取象

為備焉是物作辟邪蹲伏之狀復飾以螭虺

其圜空可以容横梁葢所謂車之托轅也

周輅飾虎首承轅

右長七寸三分闊一寸九分容檣徑一寸二分重一斤一兩無銘古之車制行一車者有輈駕一輈者有梁服馬則出於梁下而兩驂又所以佐服馬耳故輈一謂之承轅為衡梁之具是器作虎首侈口則口銜其梁也然其上間錯金銀復飾以鸞鵲回舞之態固知昔人於輿服每有法度此特一轅之飾耳蓋工之所聚於車為多則求其他可知也

漢輿輅飾

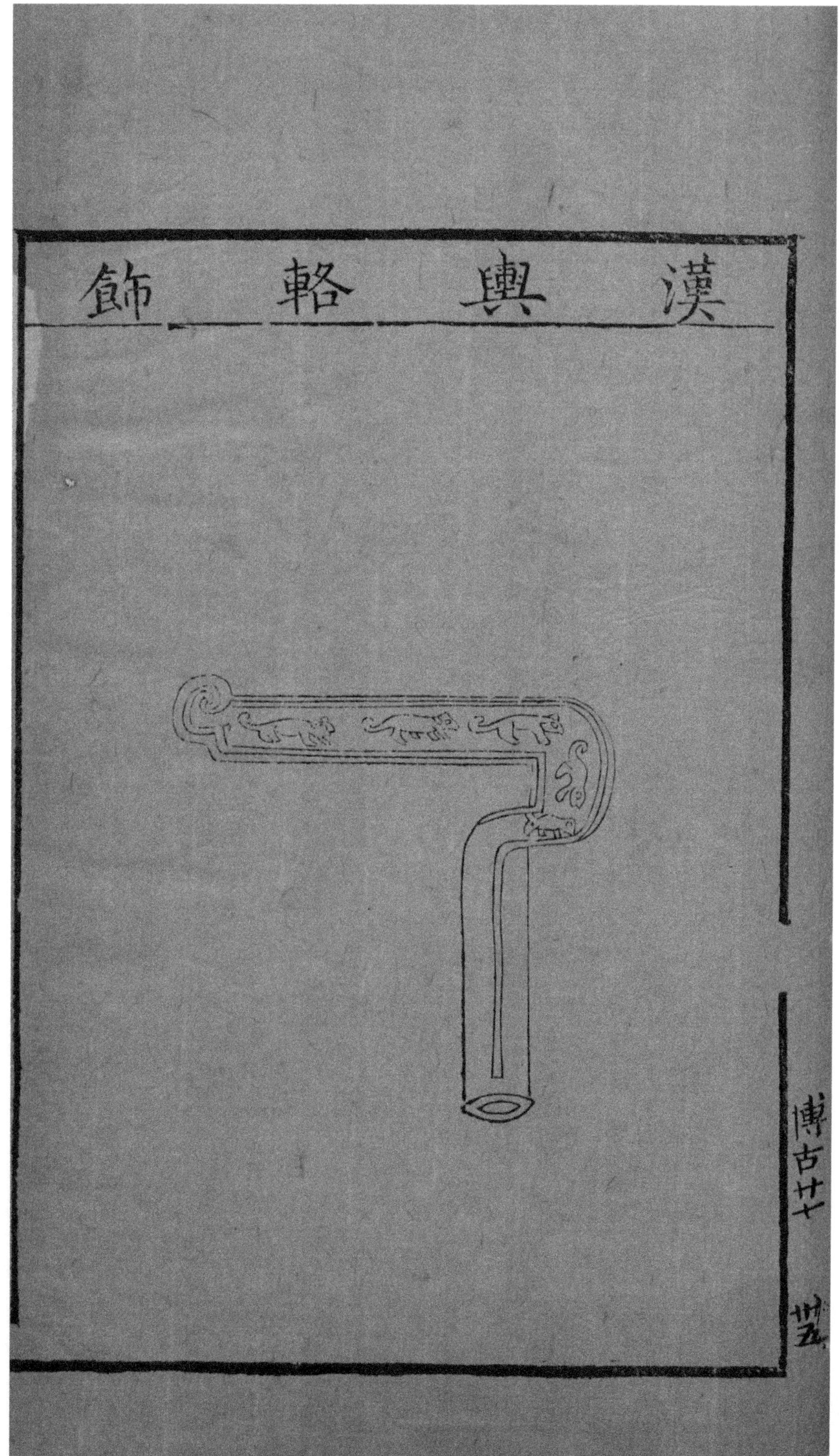

右高二寸五分闊五分長二寸七分重（闕二字）無銘按車輅之制陶唐氏制彤車有虞氏制鸞車夏因鸞車而爲鉤車商因鉤車而爲（闕二字）輅至周而後五輅備焉唯制度略存而（闕二字）之詳皆莫考據也秦漢間輿服號稱甚（闕二字）史亦闕其制唯後漢光武平公孫述始（闕二字）車輿輦遂因舊制金根車以擬周之玉（闕二字）皆朱斑重牙貳轂兩轄文虎伏軾龍（闕三字）

與其弛虎飾皆備見於史是物弛曲作鵝頸形匾而方下為鐓可以植於欄楯上有螭紋而為斧刃狀厭其兩旁皆以行虎飾之考其形制疑為伏軾所用之物而此得之為不完不能盡究其設施之所惜哉

周雙螭表座

右高一尺三寸七分下徑一尺九寸三分重五十五斤無銘周官置槷書以參諸日中之景槷即表也是器形若大盌上蟠雙螭而仰其首於兩螭間又出一筩中通上下是為表座中通所以植槷無欹側以取其端焉

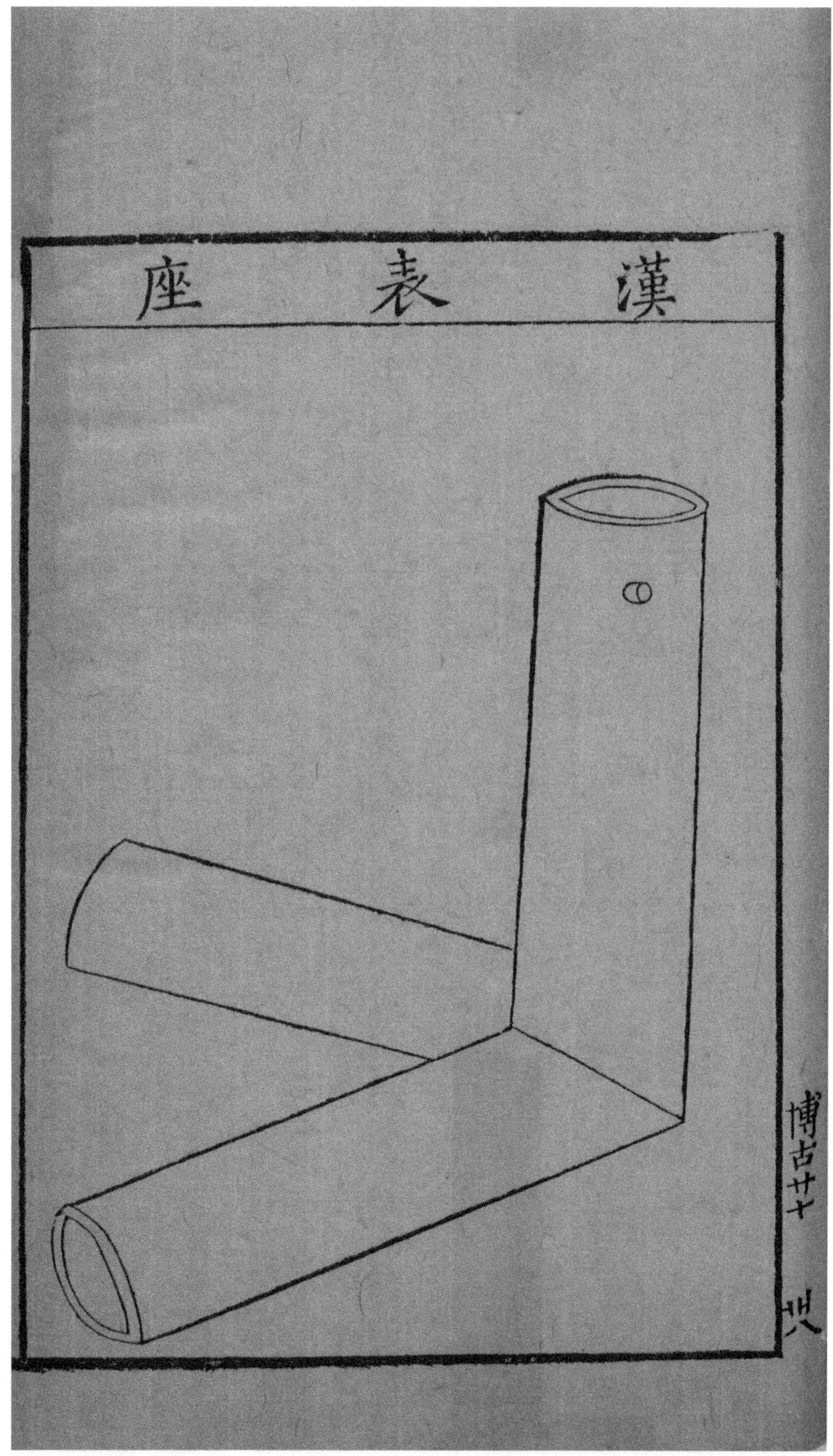
漢表座

右高四寸六分深四寸二分闊七寸一分口徑一寸一分重三斤九兩無銘是器表座也作三圜筩相合為一體措之地則一筩端立可以立表周官所謂槷者是其所以為測日之具也

漢旂鈴

右長五寸徑一寸三分重六斤有半無銘按左氏曰錫鸞和鈴昭其聲也蓋錫在馬額鸞在鑣和在衡鈴在旂皆動而有和聲今此雖作鈴狀肰未知其所設果如何今觀鈴之為飾其數有七而九旂名物其斿數蓋亦有等是以交龍之旂其斿有九鳥隼之旟其斿有七熊虎之旗其斿有六龜蛇之旐其斿有四肰則鈴之多寡若擬旂之斿數當是旟之數耶

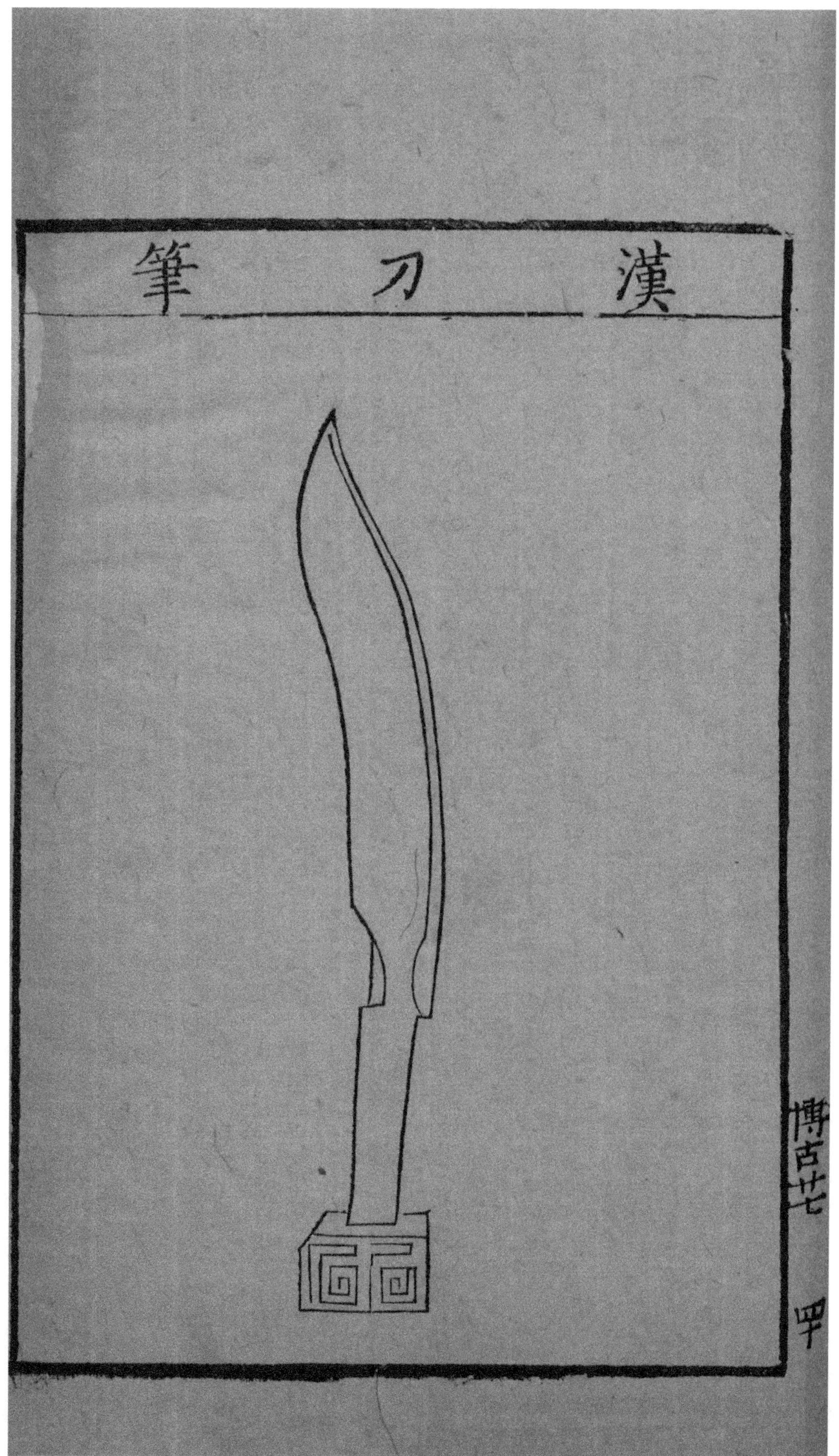

漢刀筆

本長七寸四分闊六分重二兩有半無銘形制全若刀匕而柄間可以置纓結正𢹂佩之器也盖古者用簡牒則人皆以刀筆自随而削書詩云豈不懷歸畏此簡書盖在三代時固已有削書矣西漢書贊蕭何曹參謂皆起秦刀筆吏則自秦抵漢亦復用之然在秦時蒙恬已嘗造筆而於漢尚言刀筆者疑其時未能全革猶有存者耳

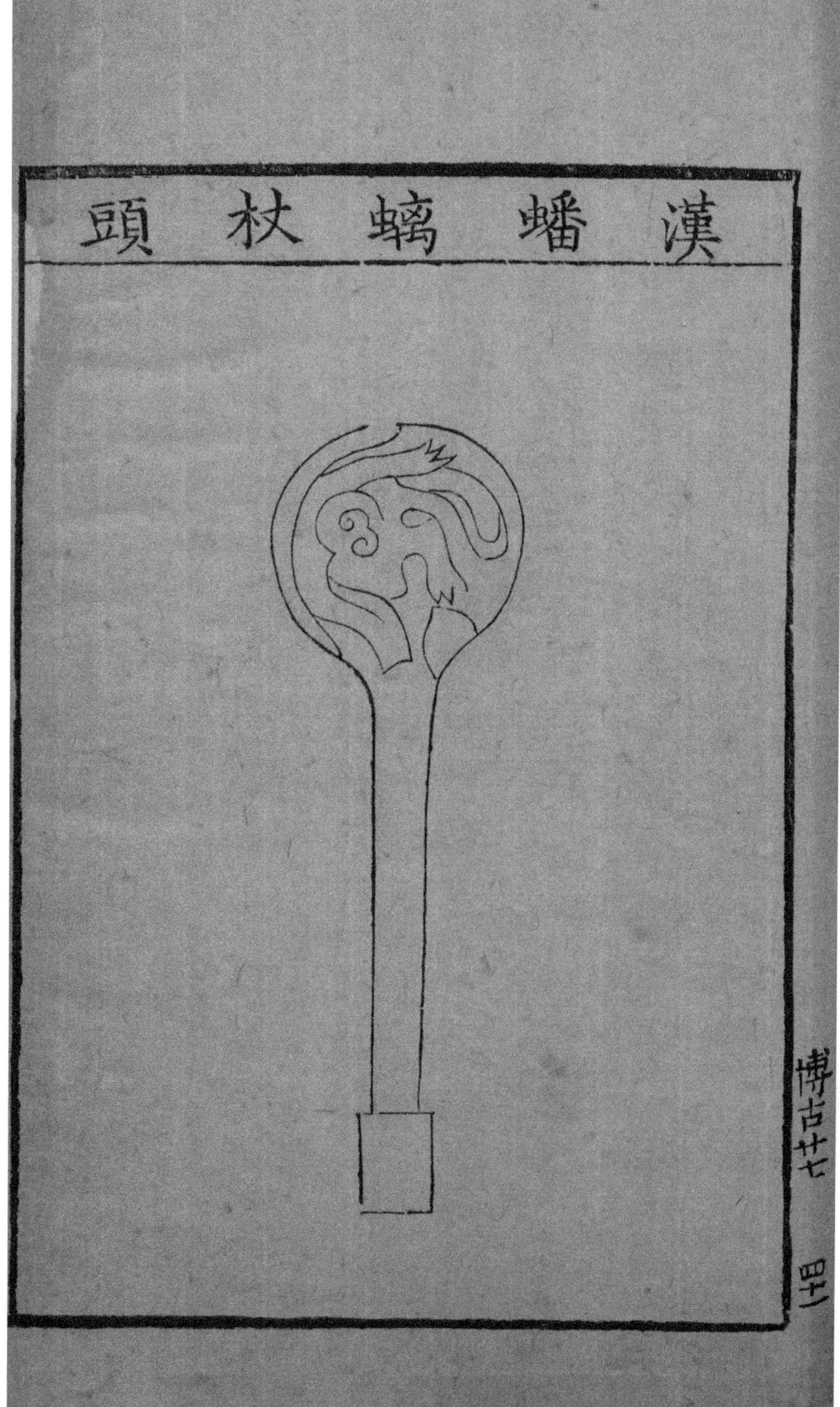
漢蟠螭杖頭
博古廿七
四十一

右長六寸闊一寸五分厚六分重五兩無銘按是器與蟠龍杖頭略相似但以土花所蝕見其仿佛比之龍而無角故以螭名之螭於鼎彝間無所不用宜杖頭亦或有之夏官伊祁氏供王之齒杖謂賜老者漢文以優老臣故賜吳王濞几杖其後靈壽杖亦為大臣孔光之賜是則蟠螭當錫臣下之物其於龍頭杖非一等物也蓋若古之衣服車馬制度之等級同焉

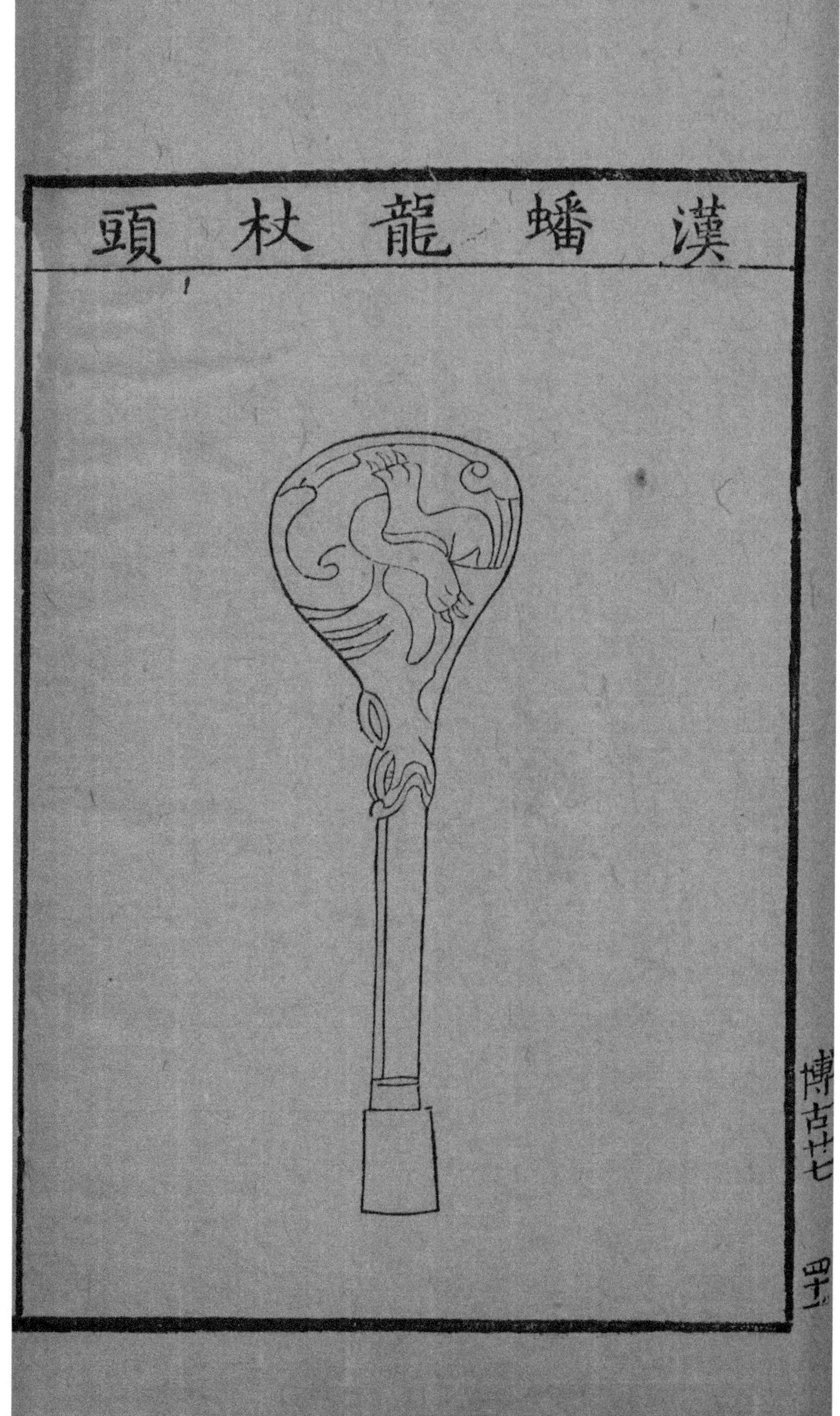
漢蟠龍杖頭

右長五寸闊一寸四分厚五分重六兩無銘杖頭爲一龍蟠屈而下銜其柄蜿蜒若飛動勢且以金鍌之非近世物也昔漢費長房從壺公之遊及其歸以杖投葛陂澤中化龍而去則以龍蟠杖頭豈其取法耶爲漢物固宜有之且九章之服龍居其最以龍者升降自如不見制蓄神而變者也於是惟尊者得專有之耳

唐蹲龍

右高三寸闊一寸七分重四兩無銘且昔人於欄楯帷幄車輅閒每有所飾故或作水芝或為鬭鴨種種不同考之亦無意義惟龍之飾則非臣下可得用凡衣服器用著以龍者皆表其人君所用之物是器作龍狀而蹲之疑宮廟乘輿以為之飾考其器則唐物也

漢鳩車

六朝鳩車

前一器高二寸二分長三寸二分闊一寸七分輪徑各二寸二分重一十兩無銘

後一器高一寸八分長三寸二分闊一寸二分輪徑各一寸三分重三兩無銘

右二器狀鳲鳩形置兩輪間輪行則鳩從之前一器漢物也其禽背負一子有鈕置之前以貫繩盖縶維之所也後一器六朝物也其禽前後負二子亦有鈕以貫繩焉尾際又有

小輪以助之蓋制度略相似但增損不同耳

按鳲鳩之詩以況母道均一故象其子以附之因以為兒童戲若杜氏幽求子所謂兒年五歲有鳩車之樂七歲有竹馬之歡者是也

漢龍提梁

博古廿七　四六

右高二寸三分長六寸三分闊八分重八兩七錢無銘通作龍形蜿蜒之狀角鬛爪足爛然備足真提梁也盖鱗蟲三百六十龍為之長故舜之時觀古人之象而繪龍於衣周為九章而登龍於山歷代尊之以為差等於是後世人臣服飾皆不得而有之此提梁漢物也而狀以龍形宜非臣下所有者

博古圖錄考正卷第二十七

博古圖錄考正卷第二十八

鑑總說

鑑一三十六器

乾象門

漢一十七器

十二辰鑑一銘五十五字

十二辰鑑二銘三十七字

十二辰鑑三銘一十六字

四神鑑一　銘一十三字

四神鑑二　銘四字

四神鑑三　銘二字

三神鑑　銘五十六字

神人鑑　銘一十八字

神像鑑　銀一十三字

神人三獸鑑　銘一十二字

百神鑑

四神鑑一

四神鑑二

四神鑑三

四靈鑑

四靈三瑞鑑

三神八衛鑑

唐二器

十二辰鑑 銘一十二字

五嶽真形鑑

水浮門

漢六花水浮鑑一器

詩辭門

漢一十二器

冊禮鑑銘四十八字

尚方鑑一銘五十三字

尚方鑑二銘三十五字

長生鑑銘四十字

仙人不老鑑銘三十七字

青盖鑑銘三十四字

服羌鑑銘二十八字

幽頌周商鑑銘三十字

始青鑑銘一十六字

清白鑑銘三十四字

清明鑑一銘四十一字

清明鑑二　銘一十四字

唐四器

萬春鑑一　銘四十字

萬春鑑二　銘四十字

瑩質鑑一　銘四十字

瑩質鑑二　銘三十二字

鑑總說

昔黄帝氏液金以作神物於是為鑑凡十有五採陰陽之精以取乾坤五五之數故能與日月合其明與鬼神通其意以防魑魅以整疾苦歷萬斯年而獨常存今也去古既遠不可盡攷世有得其一者載其制度則以四靈位四方以八卦定八極十有二辰以環其外二十四氣以布其中而妙萬物運至神者盖

託於形數之表故其為器雖囿於有形而不隨形盡雖拘於有數而不與數終且能變化不測與造物者為友也其在有周治鑑之數亦十有三盖體諸閏月以其十二則梫十二野其一則為鎮於中州世言其象亦云列五嶽布七神為十五獸間十四方而方有四篆字且不載其所以施設之方獨周官之書以謂鑒取明水於月以其足以感格者然也唐

開元間李太者進水心鑑背負蟠龍蜿蜒舌
生太仍表其鑑曰龍護所作真龍託於是焉
久之歲大旱明皇引葉法善即鑑祈禱而雲
生鑑龍之口於是甘霈七日而是不其神哉
西漢高祖受命之初入咸陽得方鑑洞燭腸
胃此帝王之世神物護持其不誣之典是以
信後世者今所藏特漢唐之器肰其規模大
抵皆法遠古是以圜者規天方者法地六曲

所以象諸物八方所以定其位左右上下則有四靈錯綜經緯則有五星具一日之數則載之以十有二辰具一歲之數則載之以十有二月周其天者有二十八宿拱其位者有三神八衛或象玉女之起舞或肖五嶽之真形凡九天之上九地之下所主治者莫不咸在則其取象未嘗不有法也是以製作之妙或中虛而謂之夾鑑或形蜿而名以浮水以

龍蟠其上者取諸龍護之象也以鳳飾其後者取諸舞鸞之説也以至或為異花奇卉海獸天馬羽毛鱗甲之屬或為嘉禾合璧比目連理瑞世之珎或乳如鐘或華如菱至於銘其背則又有作國史語而為四字有效栢梁體而為七言或單言之不足或長言之有餘或以紀其姓名或以識其歲月如言尚方玉堂者用於奉御也如言宜官宜矦王者用之

百執也如言宜子孫者用以藏家也若千秋萬歲之語則所以美頌者如此作十六符篆則所以辟邪者如此厭則雖曰漢唐之物其稽古必自此始耳於是列序其次而錄之於後焉凡五金之序黃金為上白金次之銅又次之而鐵錫為下故斯鑑以銅先焉鐵次之若夫造化之本莫先於天地故首之以乾象乾象者百神之主故以百神附之夫參造化

主百神則可以造形器故次之以異質之物如蚘形浮水者是也為器如是夫然後可以歌頌其美故次之以詩辭可以被聲詩則必享多宜故次之以善頌頌必有致養之道故次之以枚乳而乳者養人之道也有所養則鳥獸草木莫不咸若而來儀為瑞者有之故又次之以龍鳳花鳥海獸也然而大巧者若拙繪事者後素則純素者其本也於是又以

純素終焉此其序也

漢十二辰鑑一

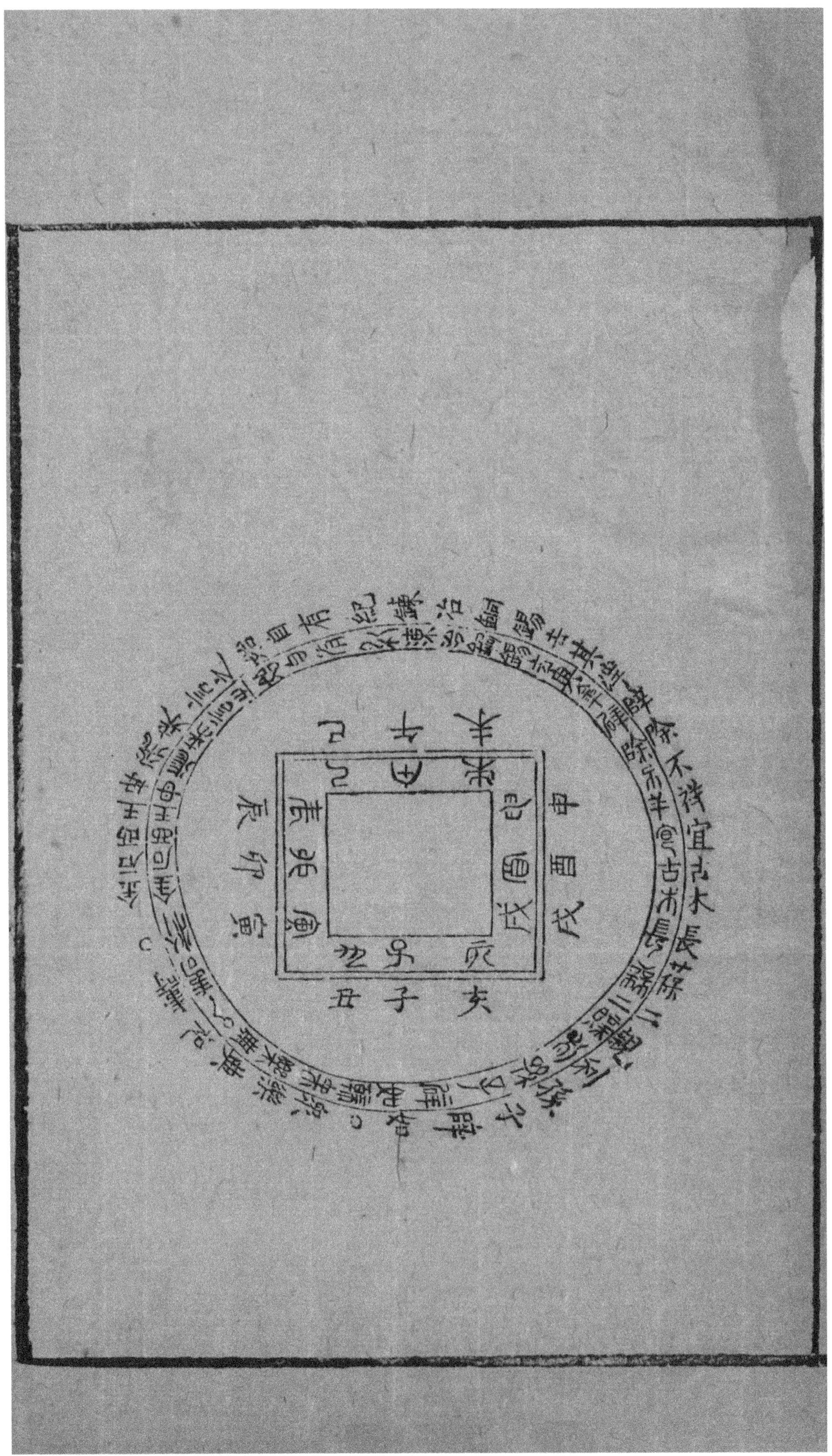
申 酉 戌
亥 子 丑
寅 卯 辰
巳 午 未

漢十二辰鑑二

博古廿八　九

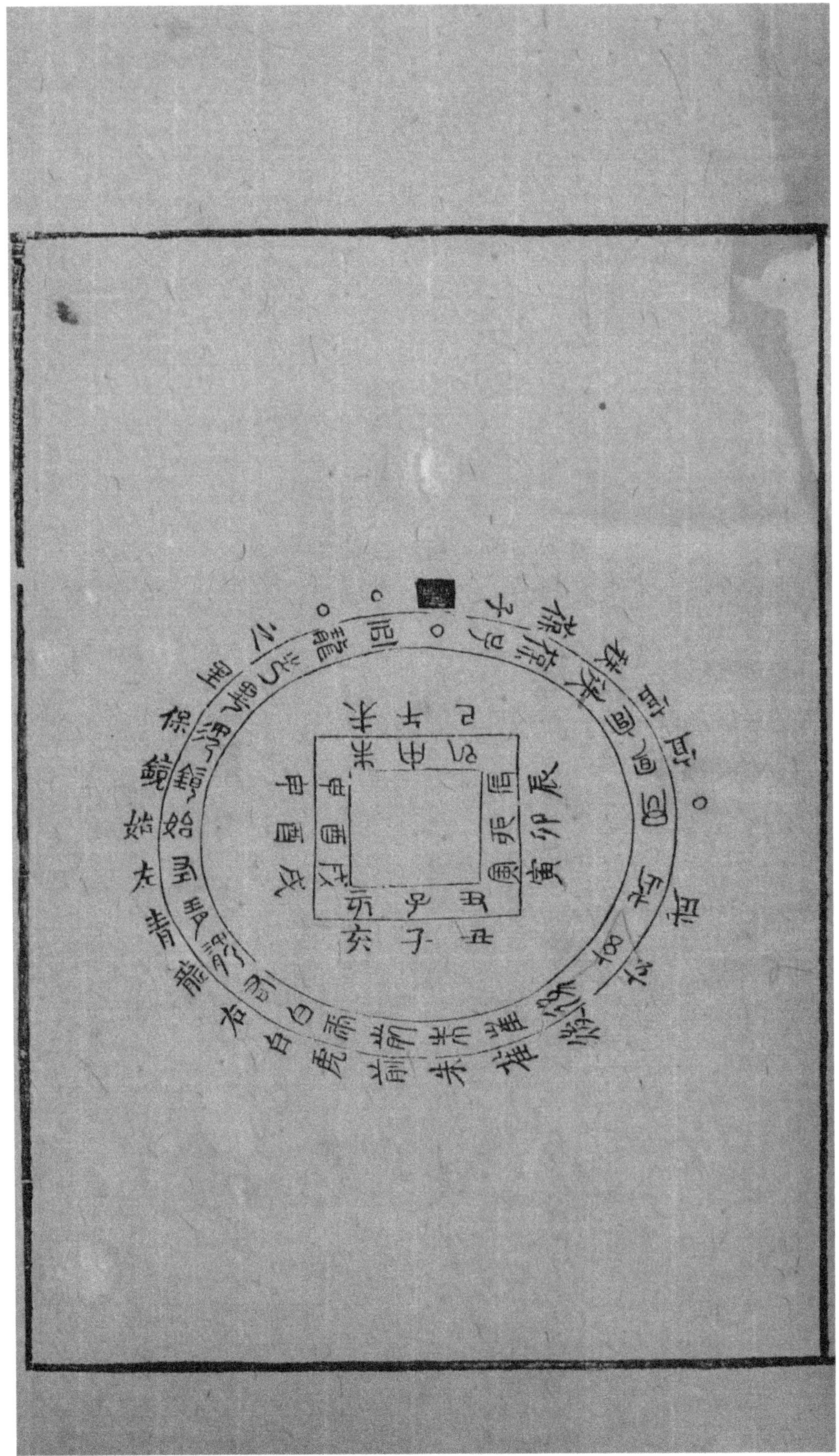

漢十二辰鑑三

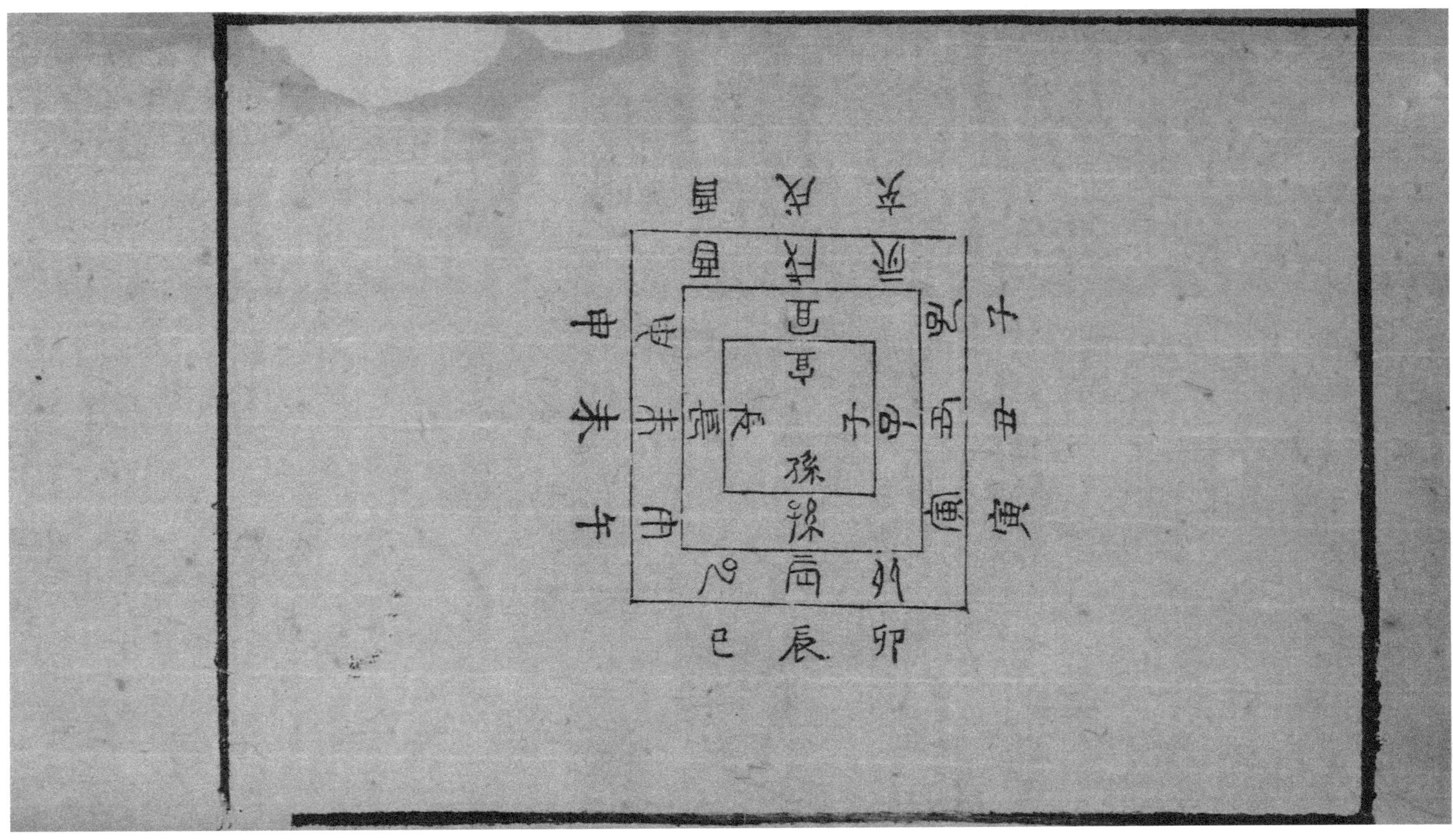
子 丑 寅
卯 辰 巳
午 未 申
酉 戌 亥

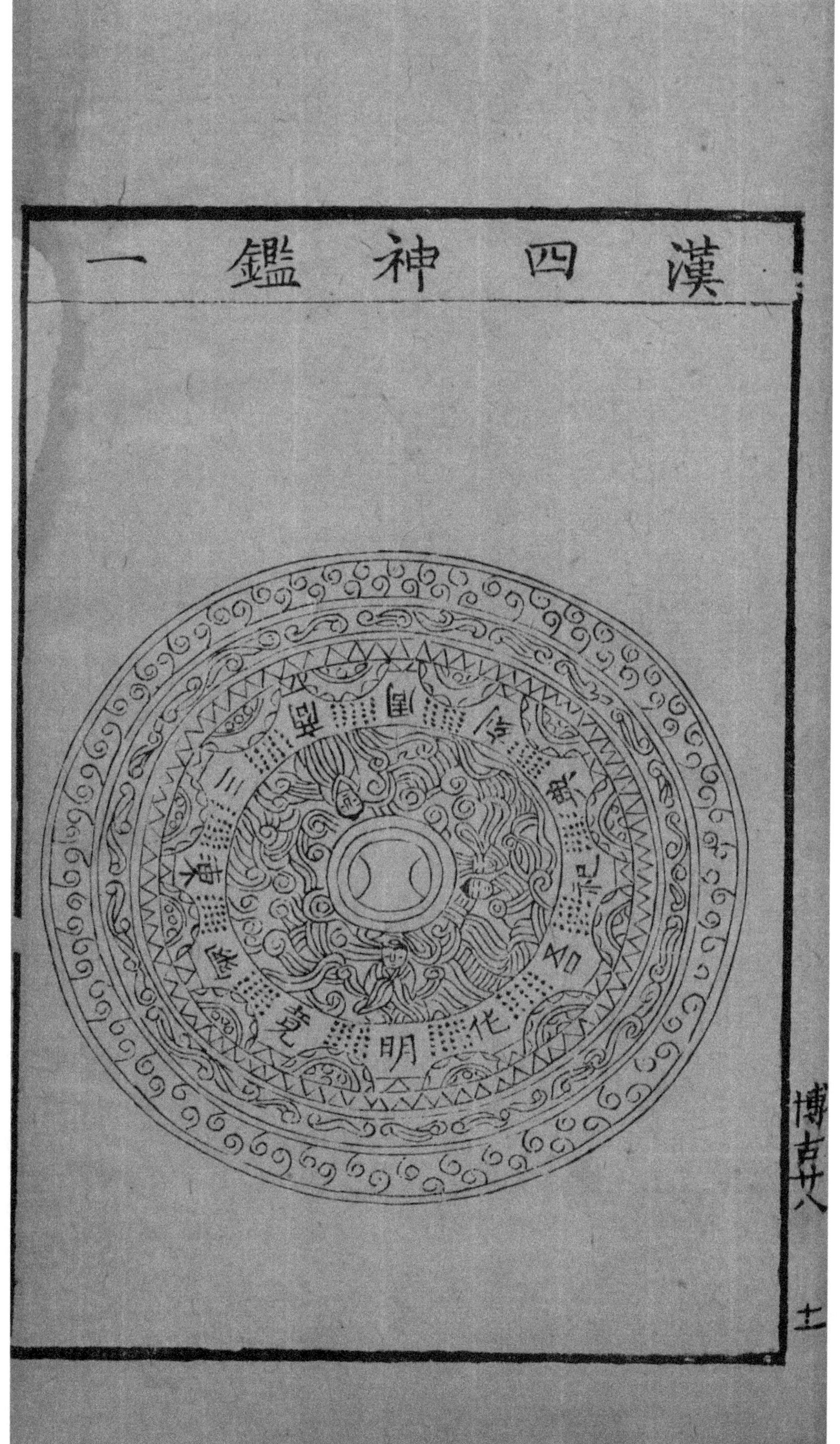

漢四神鑑一

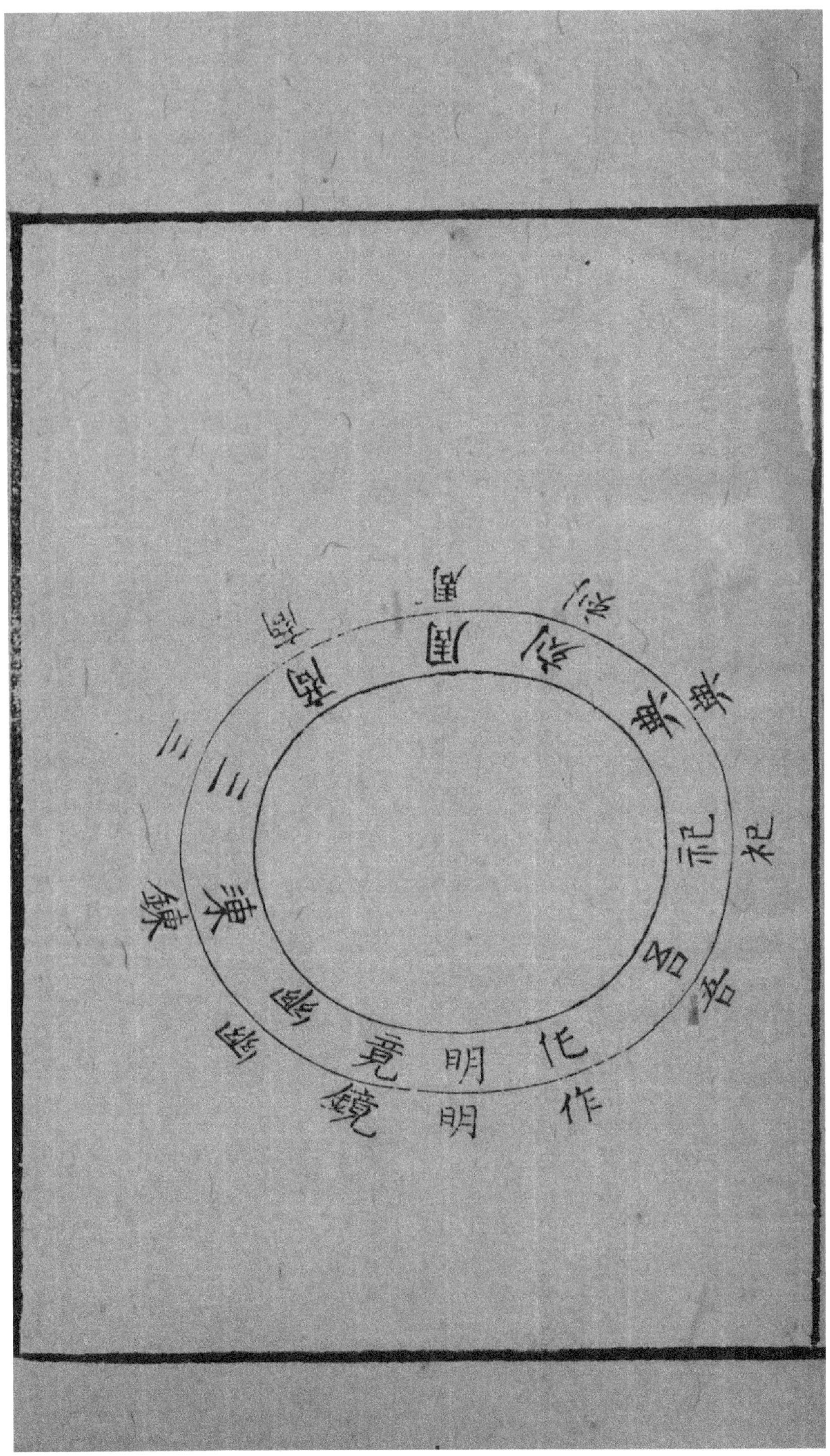

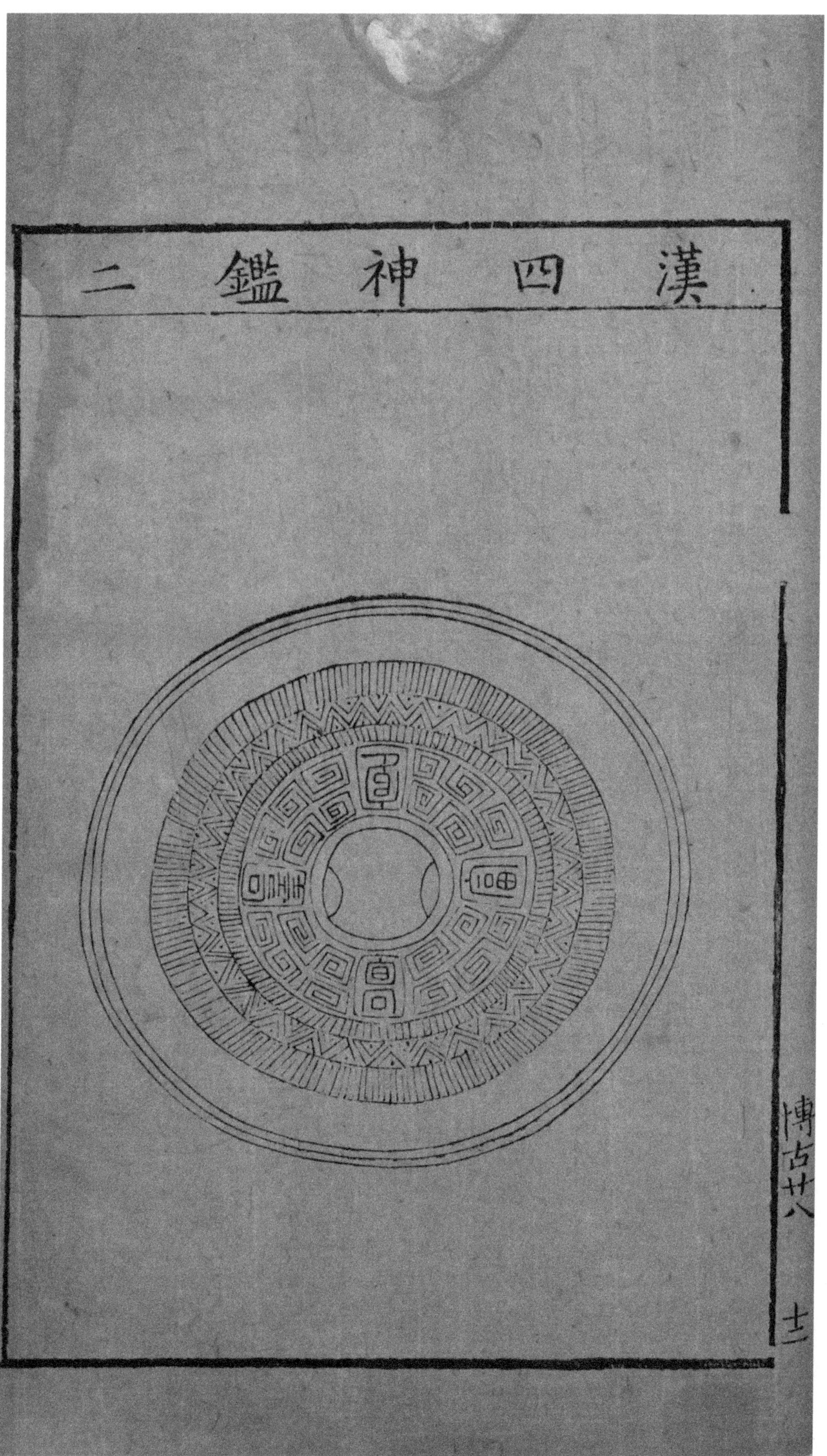

漢四神鑑二

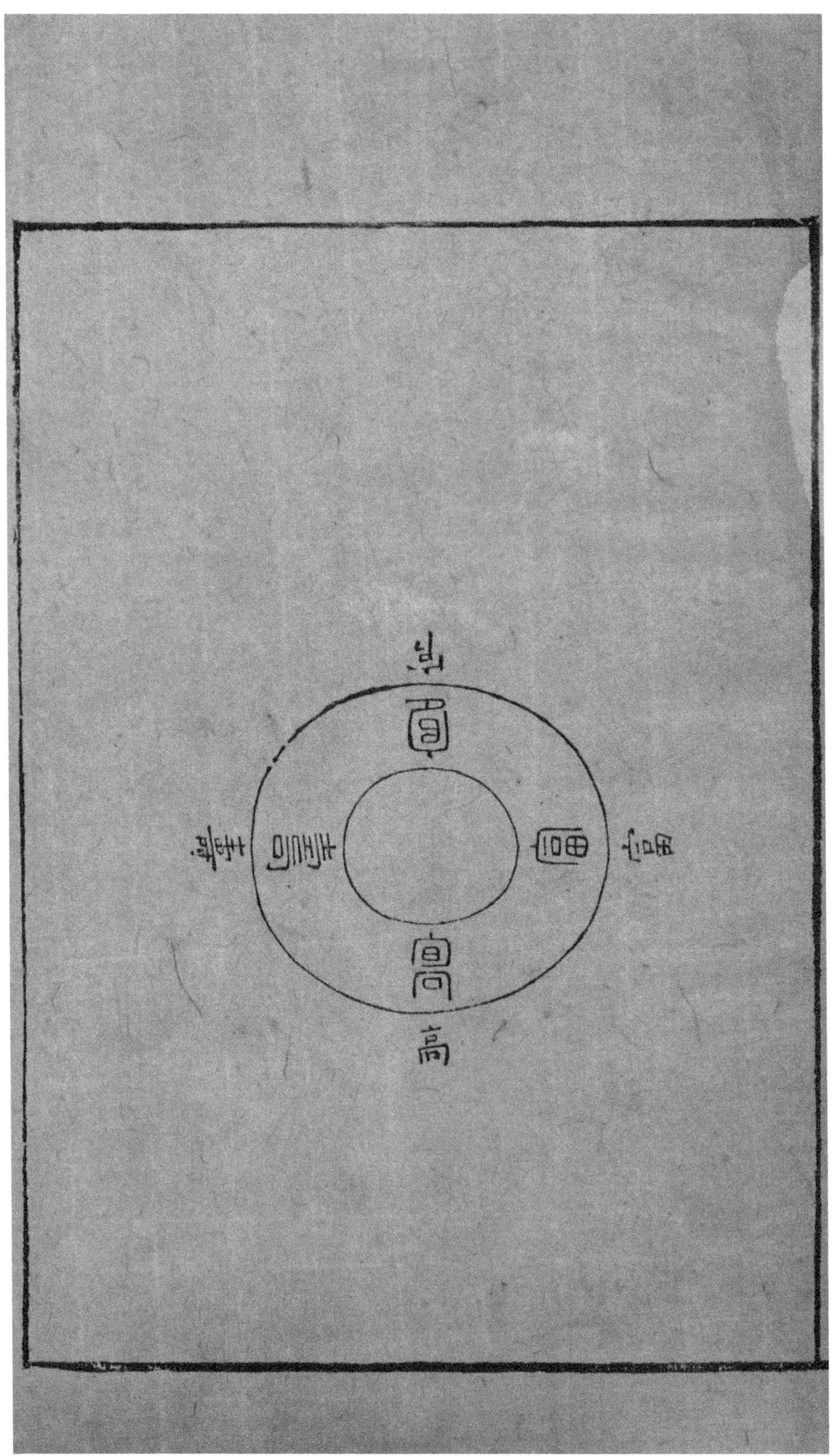

漢四神鑑三
博古廿八
十三

缺銘

漢三神鑑

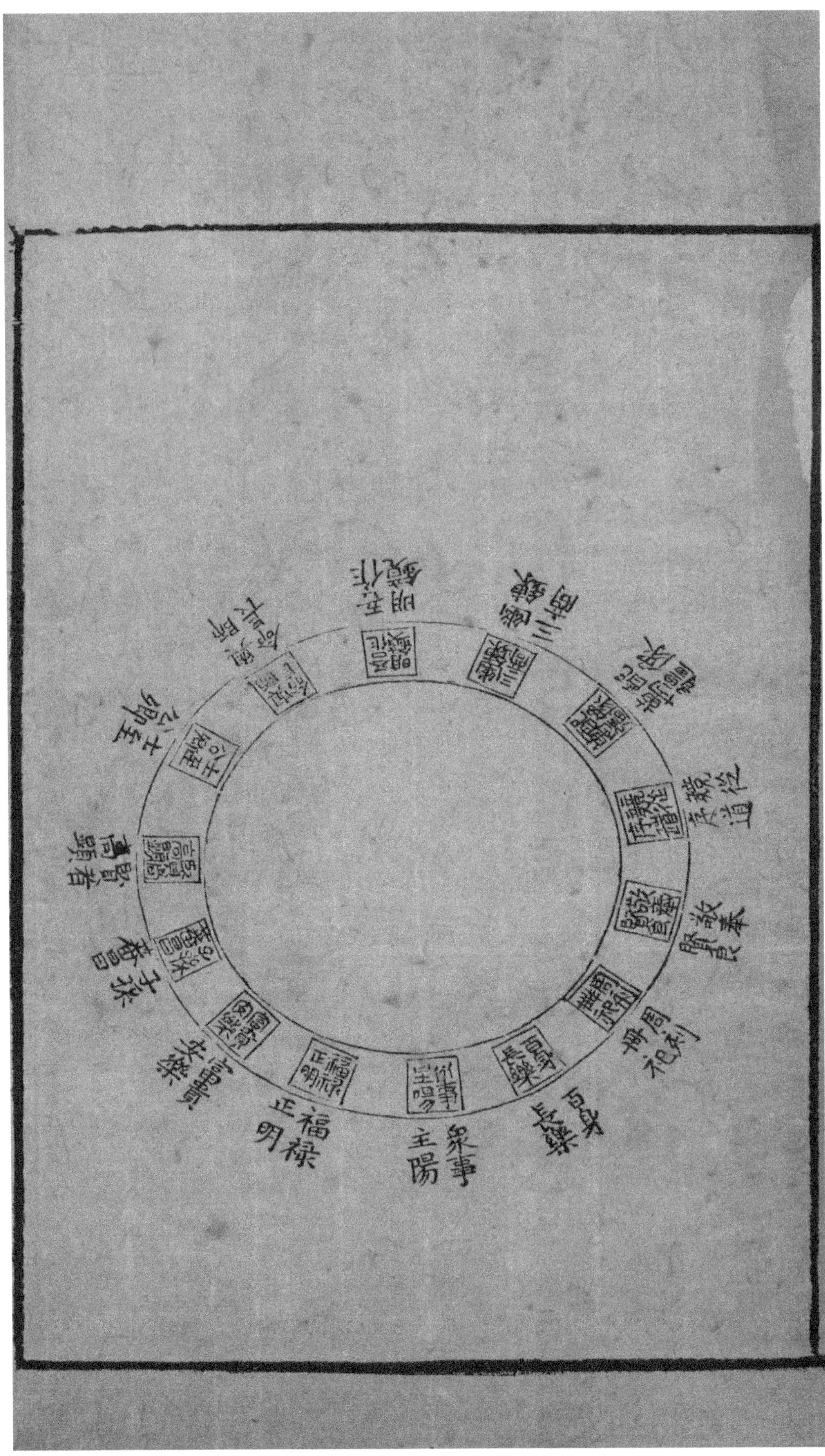
衆事主陽
福祿正明
百歲長樂
子孫蕃昌

漢神人鑑
博古廿八
五

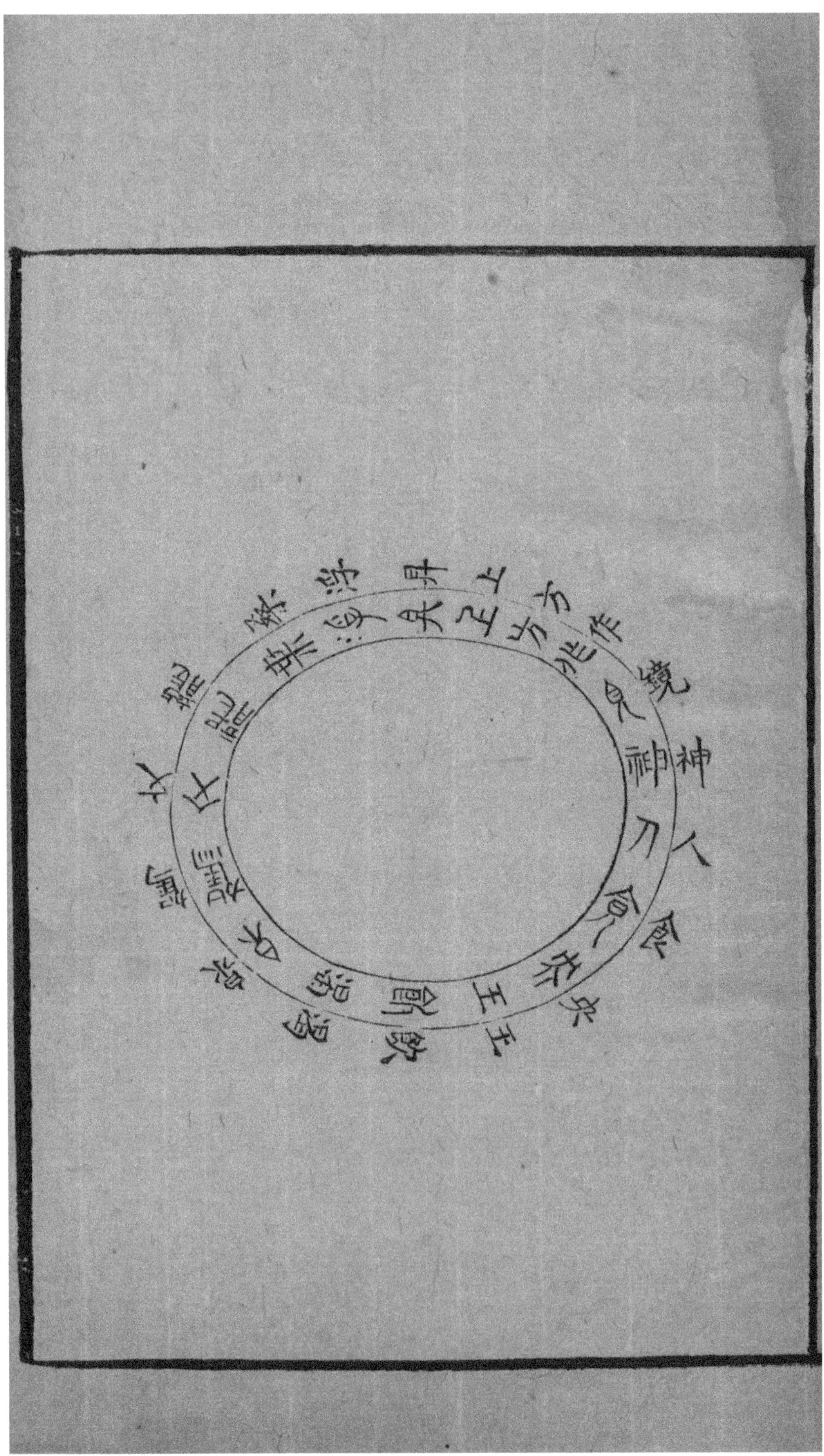

漢神像鑑
博古廿八
十六

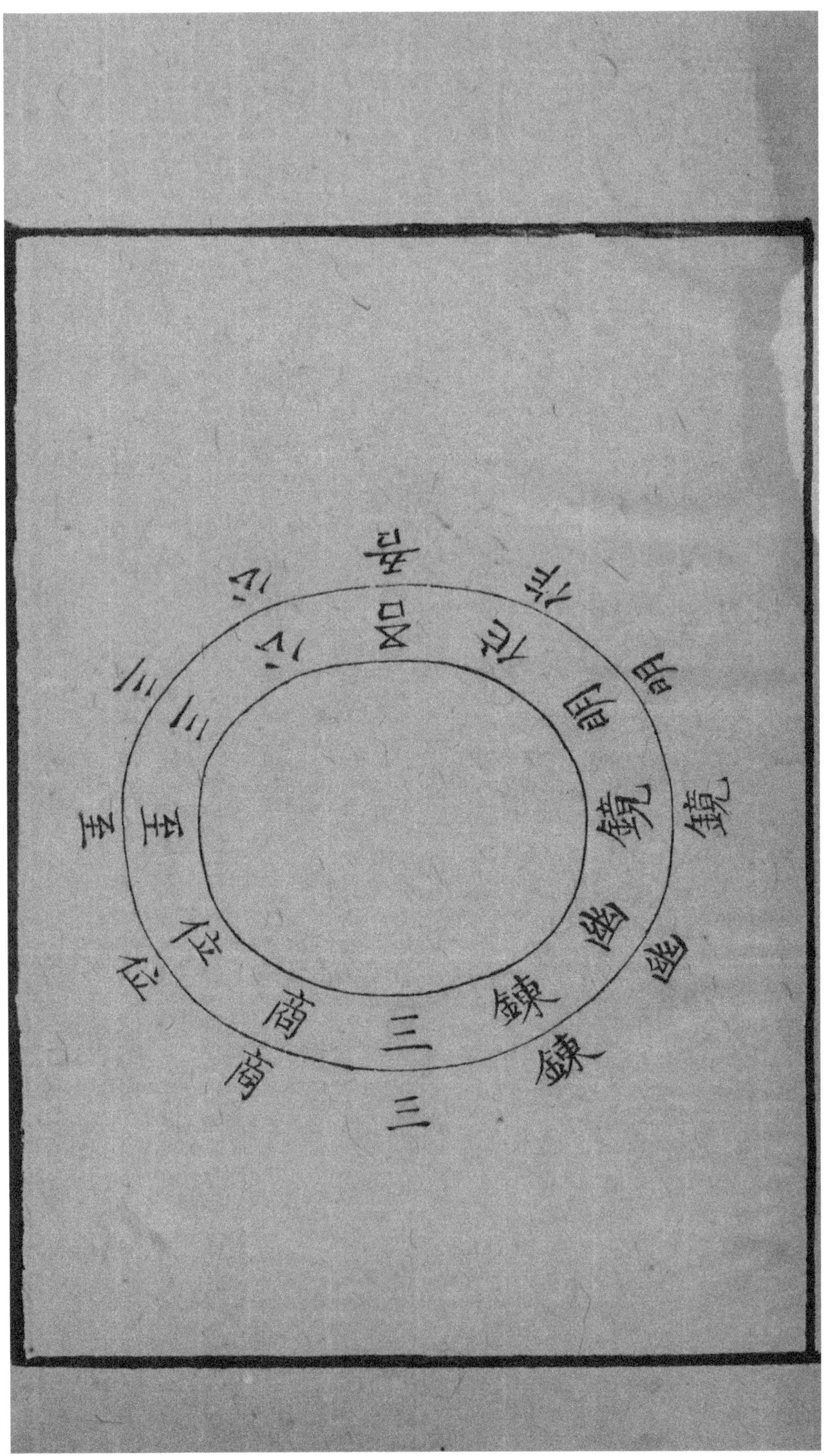

漢神人三獸鑑

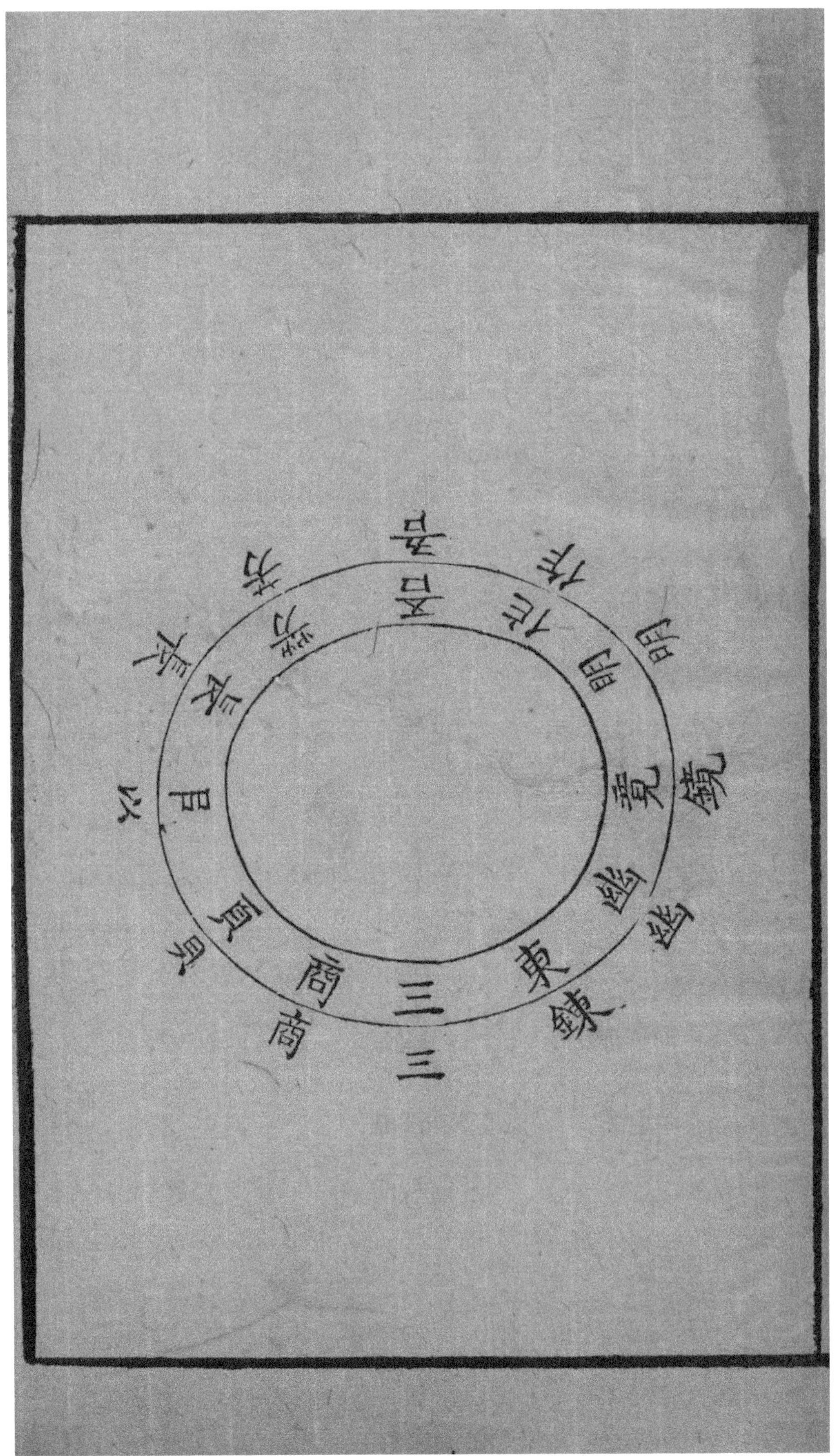
吾作明鏡幽錬三商
吾作明竟幽東三商

漢百神鑑

漢四神鑑一

漢四神鑑二

漢四神鑑三

漢四靈鑑
博古廿八

漢四靈三瑞鑑

漢三神八衛鑑

唐十二辰鑑

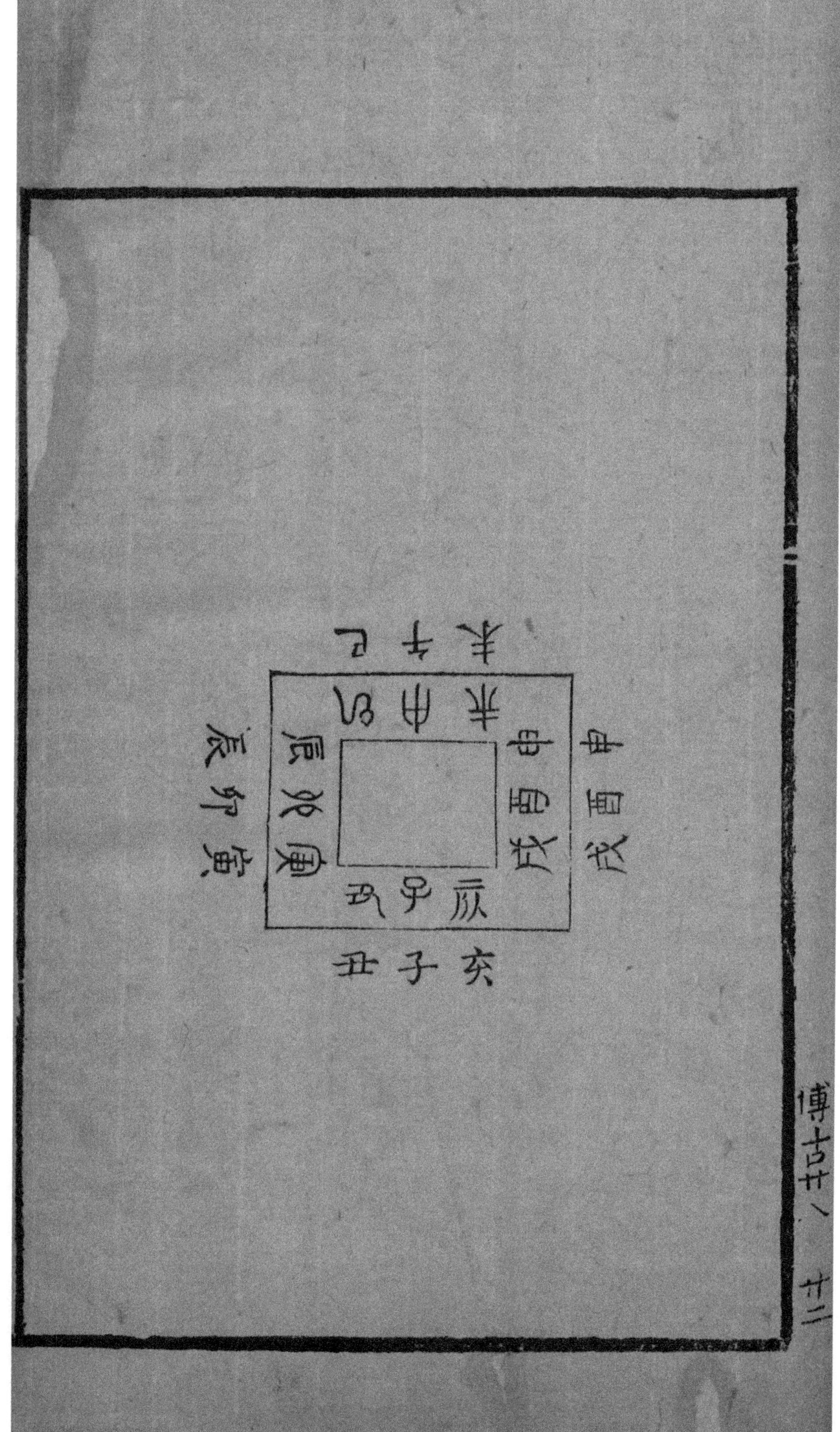

博古廿八　十二

唐五嶽真形鑑

乾象門

漢十二辰鑑一徑七寸重二斤四兩銘五十五字

漢十二辰鑑二徑六寸重一斤三兩銘三十七字

漢十二辰鑑三徑六寸一分重一斤三兩銘一十六字

漢四神鑑一徑三寸八分重九兩三分銘十

二字

漢四神鑑二徑三寸一分重三兩一錢銘四字

漢四神鑑三徑三寸五分重五兩有半銘二字

漢三神鑑徑五寸重一十兩有半銘五十六字

漢神人鑑徑四寸二分重七兩有半銘一十

八字

漢神像鑑徑三寸七分重六兩一分銘一十二字

漢神人三獸鑑徑三寸六分重五兩三分銘一十二字

漢百神鑑徑五寸五分重一斤三兩無銘

漢四神鑑一徑四寸五分重一十兩一分無銘

漢四神鑑二徑三寸六分重九兩有半無銘

漢四[illegible]鑑三徑三寸五分重四兩一分無銘

漢四靈鑑徑五寸一分重一斤一兩無銘

漢四靈三瑞鑑徑六寸重一斤九兩無銘

漢三神八衛鑑徑六寸八分重二斤四兩無銘

唐十二辰鑑徑四寸九分重十有五兩一分銘一十二字

唐五嶽真形鑑徑八寸重三斤無銘

右一十九鑑天之道運而不積於是通乎晝夜又有五星為之緯有二十八宿為之經以十日為之干以十有二辰為之支也所謂至微莫測則斡旋於是乎以育萬物融江河結（闕二字）百神而為造化之本治鑑之象莫先於此故以乾象先焉而百神附之

漢六花水浮鑑

右一器徑三寸九分重三兩無銘物之理輕清者在上重濁者在下於是蛻形羽化則爲萬物之靈況出乎鑪錘之間而不累於形器之重脱去滓穢輕清如蛻此所謂異質者故於乾坤造化之後以水浮者次之

漢冊禮鑑
博古廿八
廿七

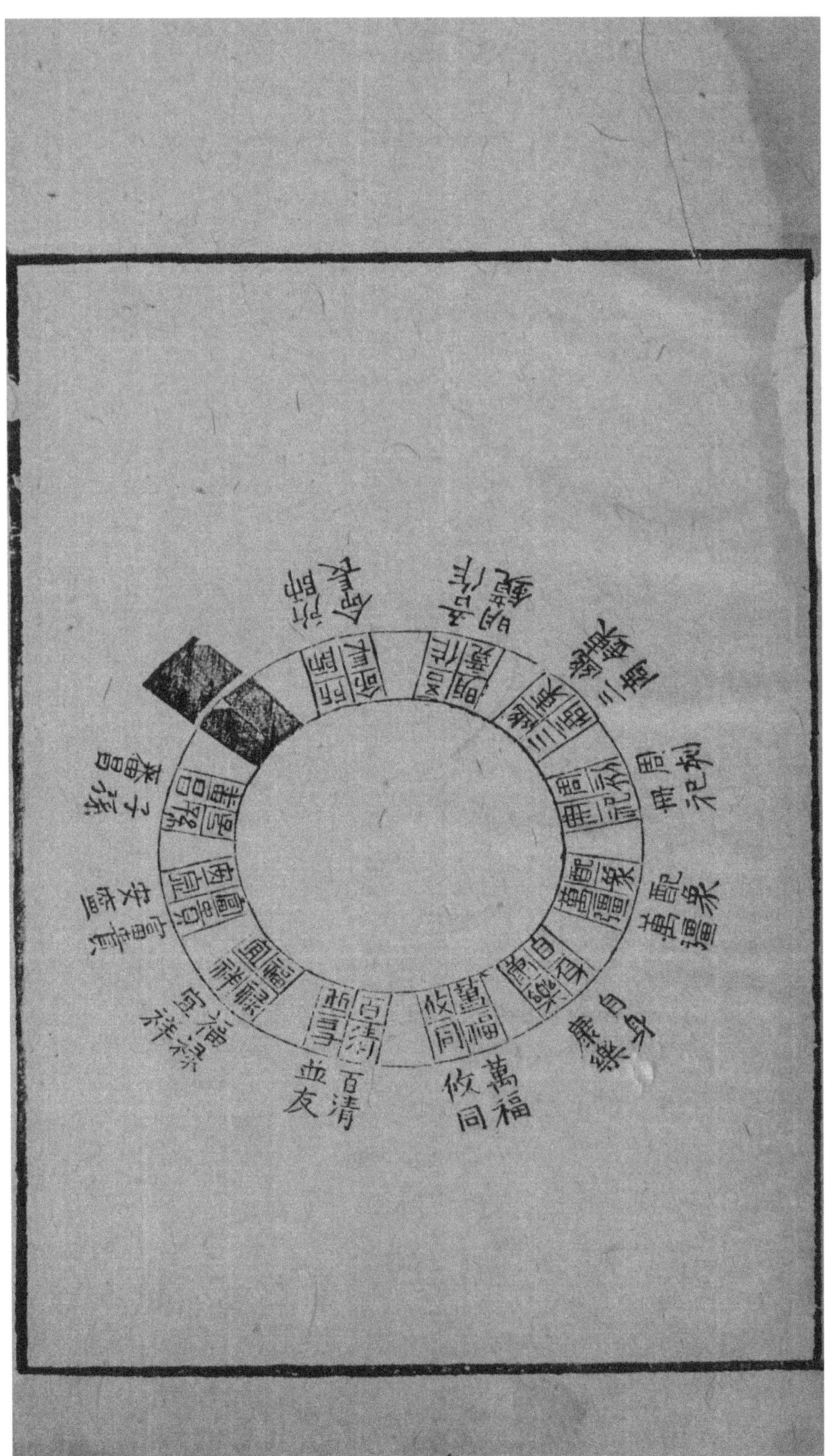
萬福
攸同

漢尚方鑑一
博古廿八
六

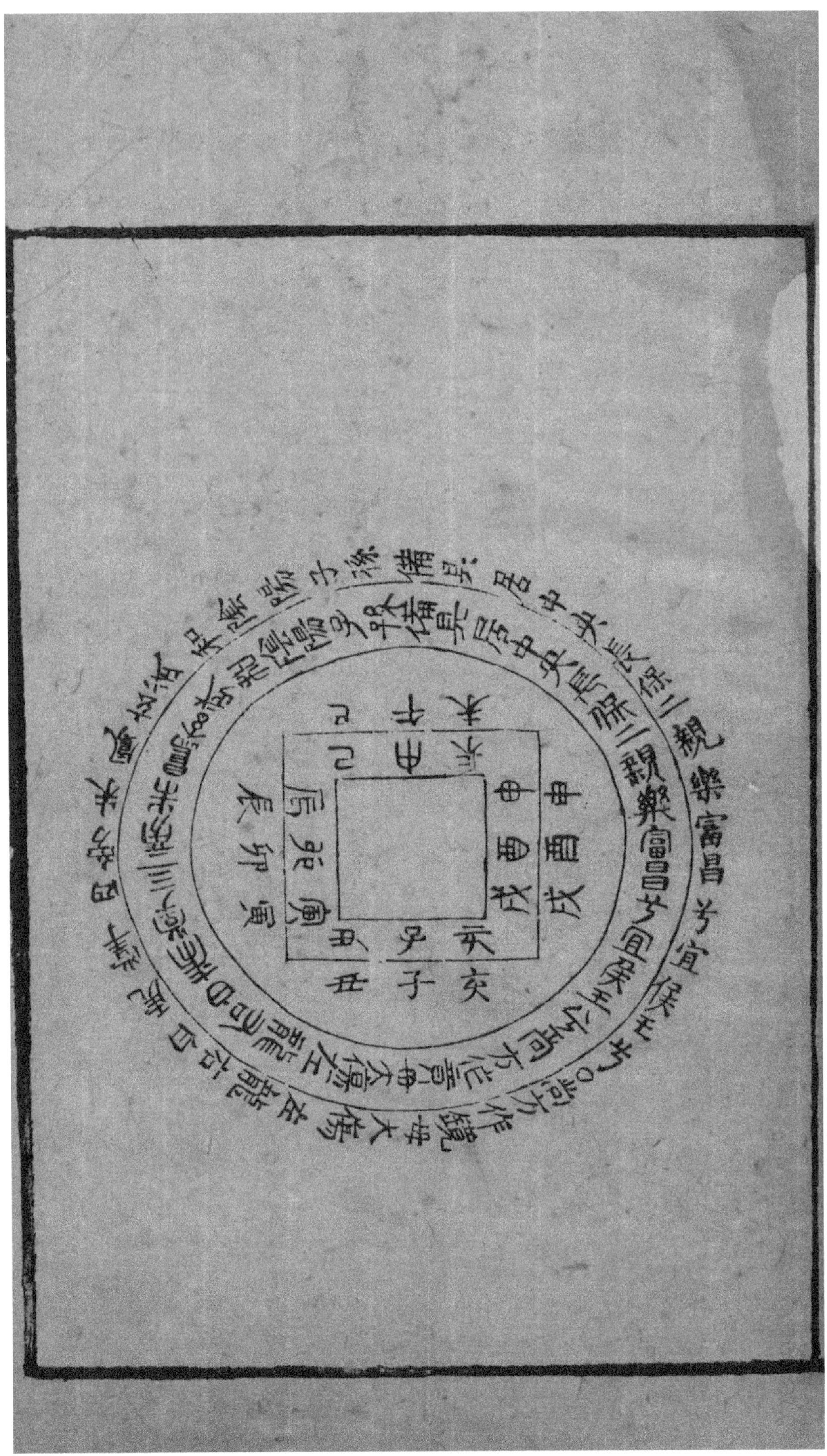

漢尚方鑑二

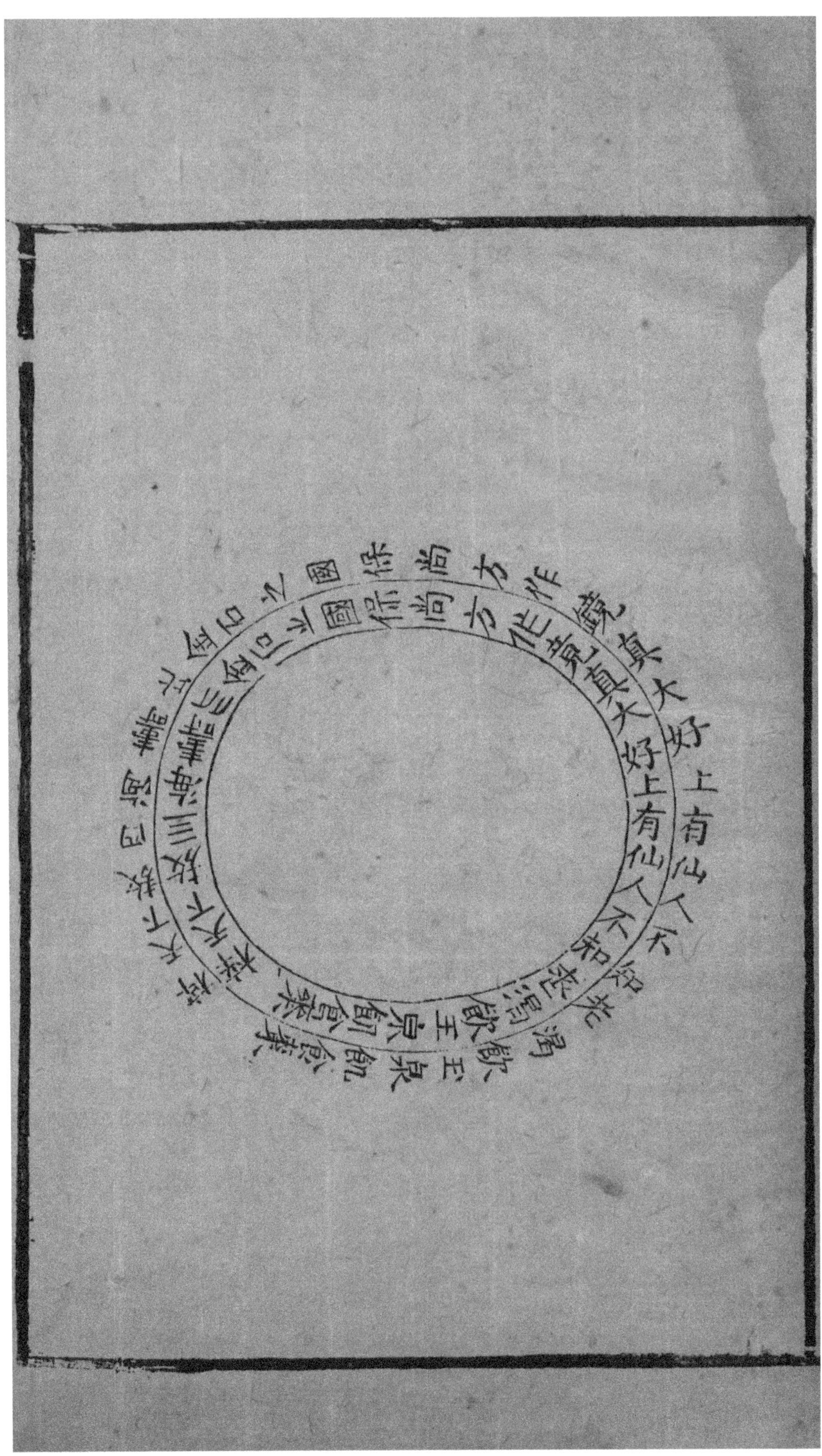
尚方作鏡真大好上有仙人不知老渴飲玉泉飢食棗

漢長生鑑

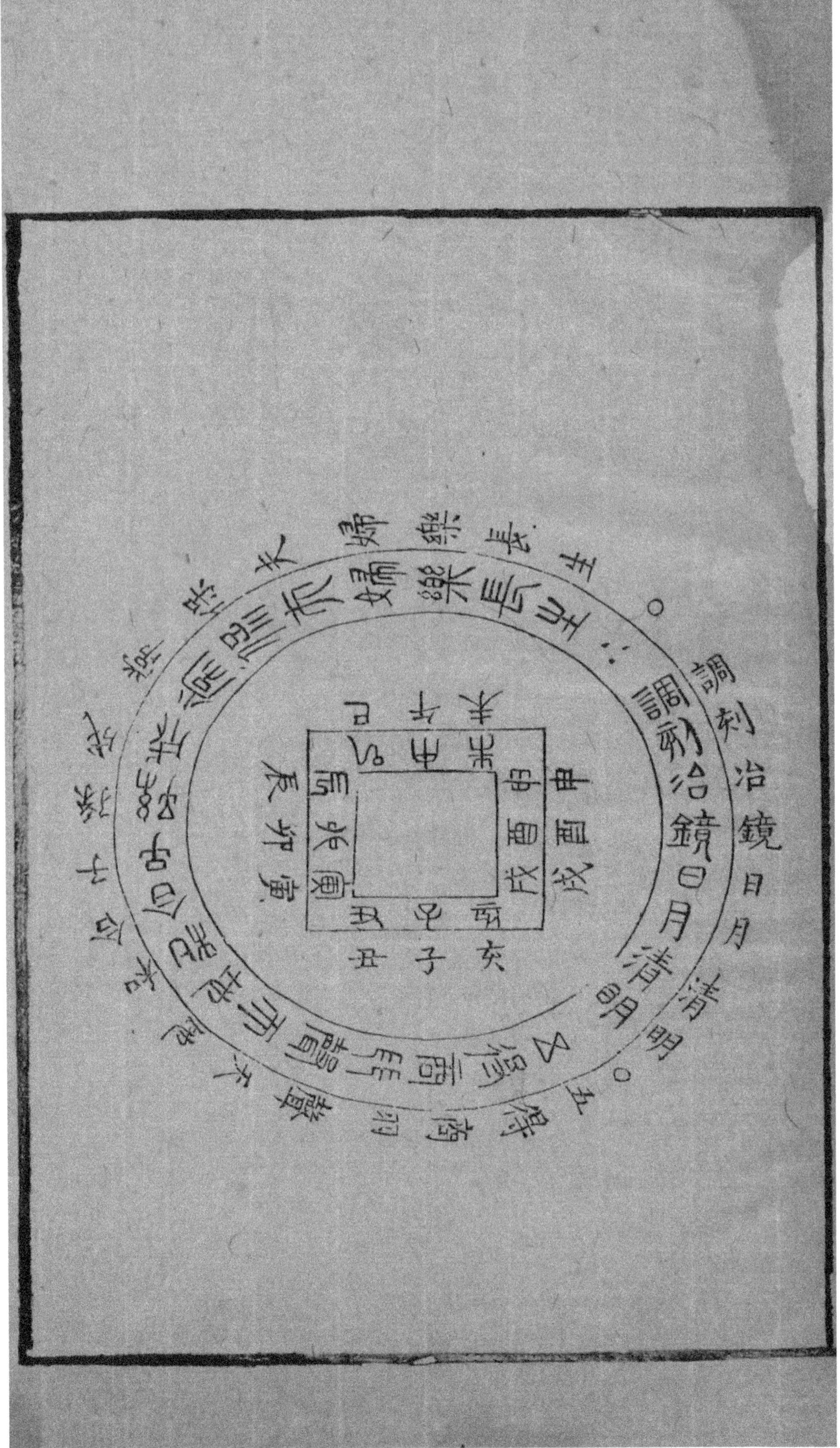

漢仙人不老鑑

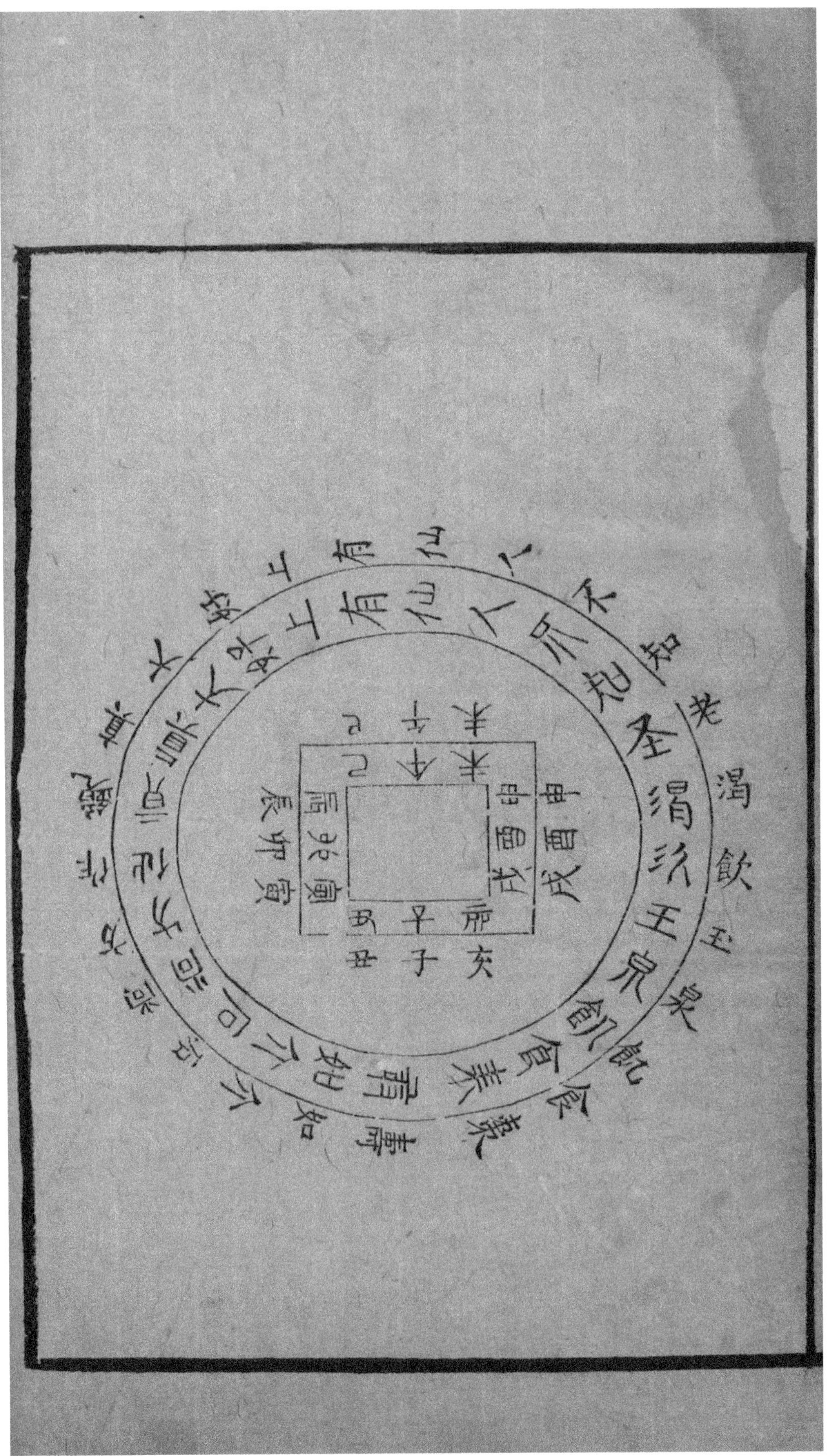
申 酉 戌
亥 子 丑
寅 卯 辰
巳 午 未

漢青蓋鑑

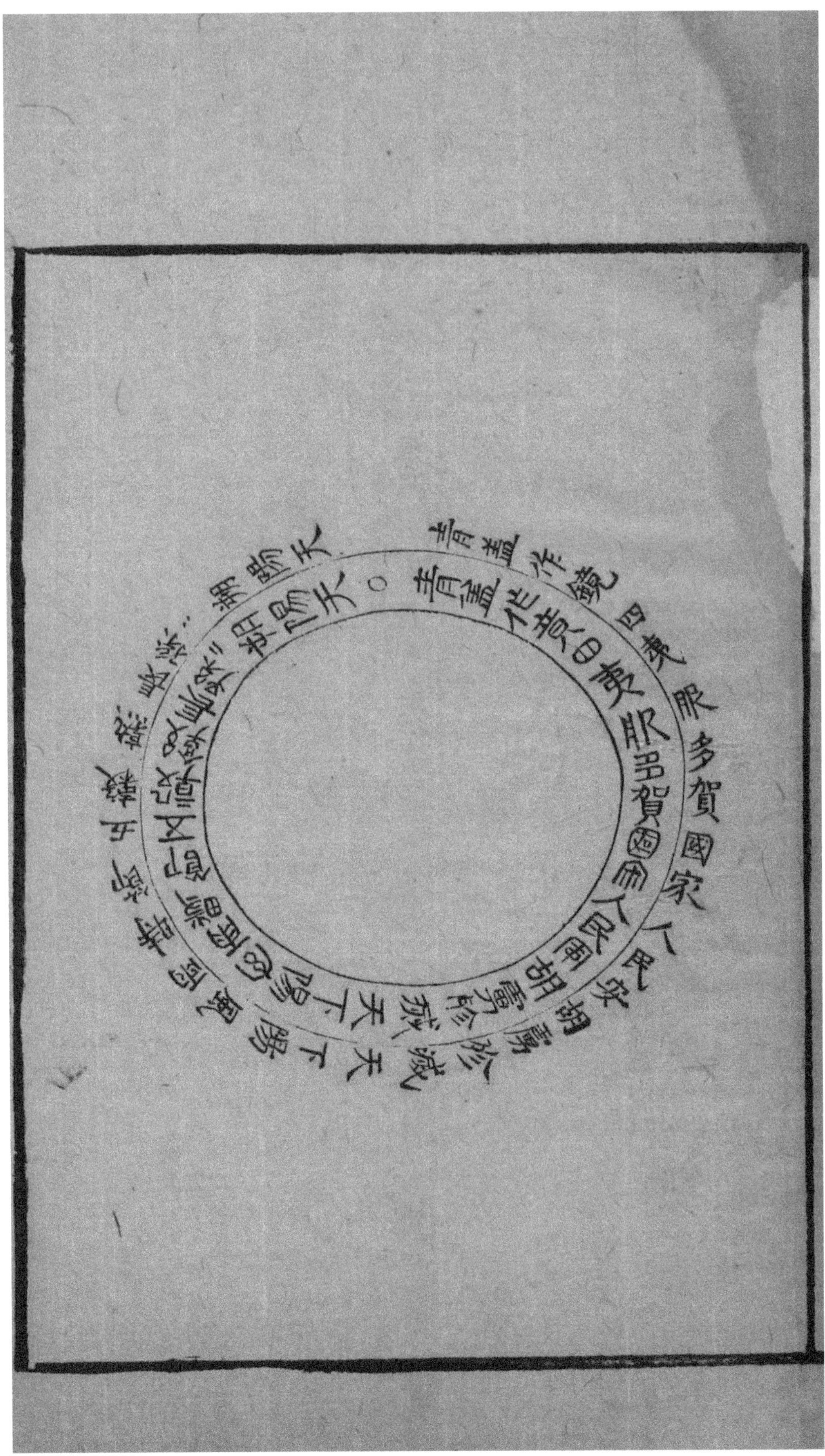
青蓋作鏡四夷服多賀國家人民息胡虜殄滅天下

漢服羌鑑

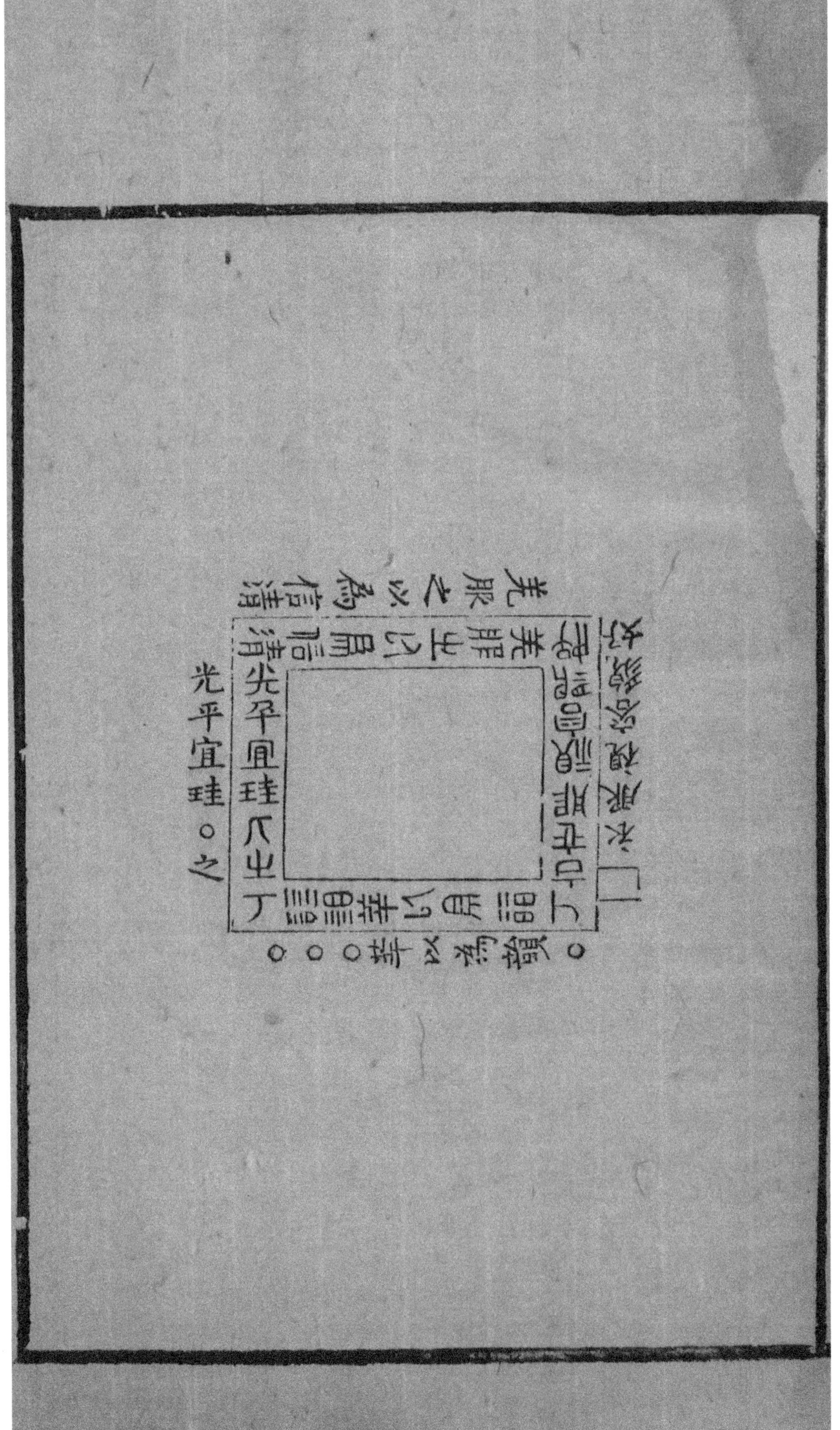

漢凾頌周商鑑

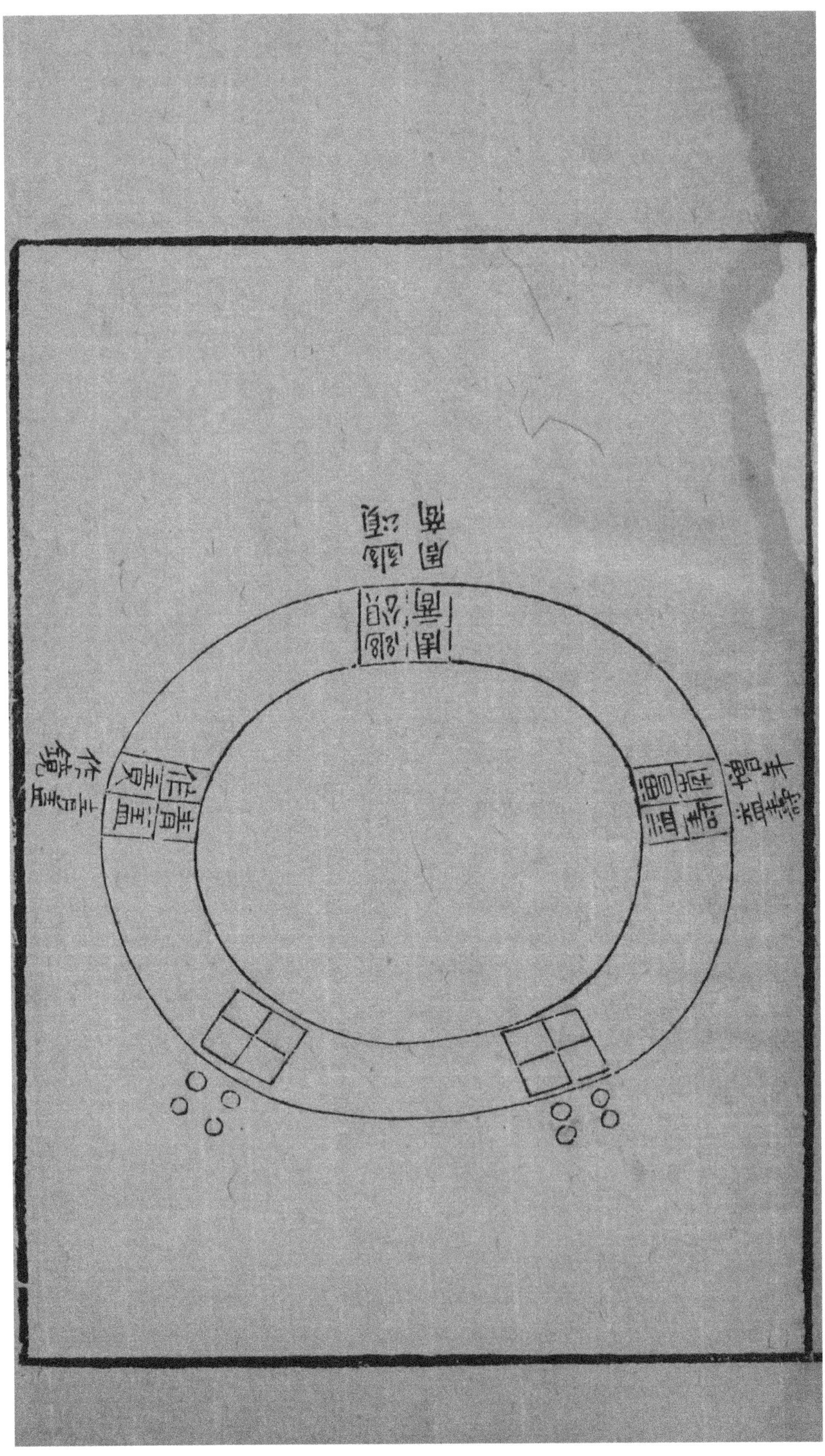

漢始青鑑

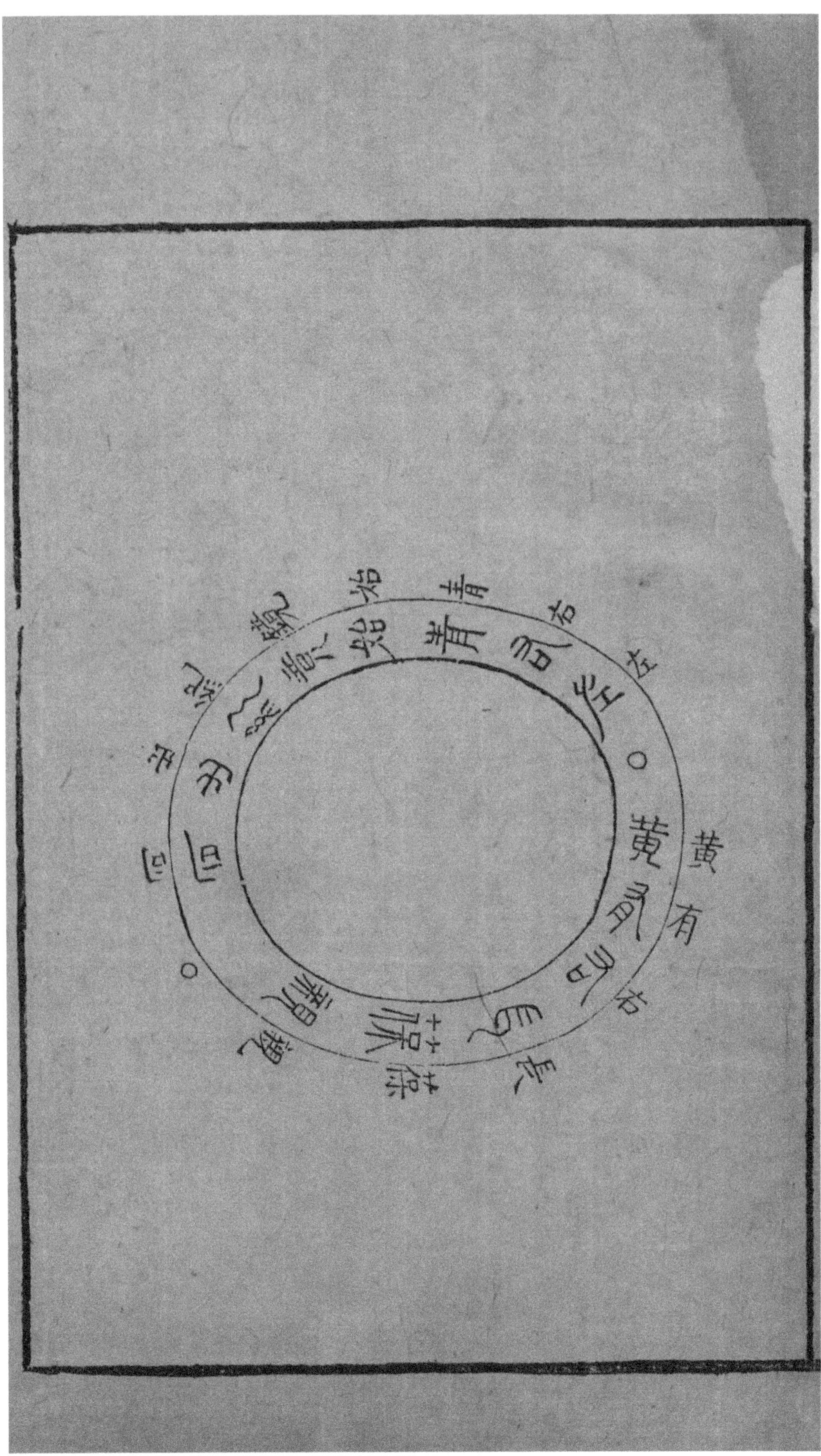

漢清白鑑

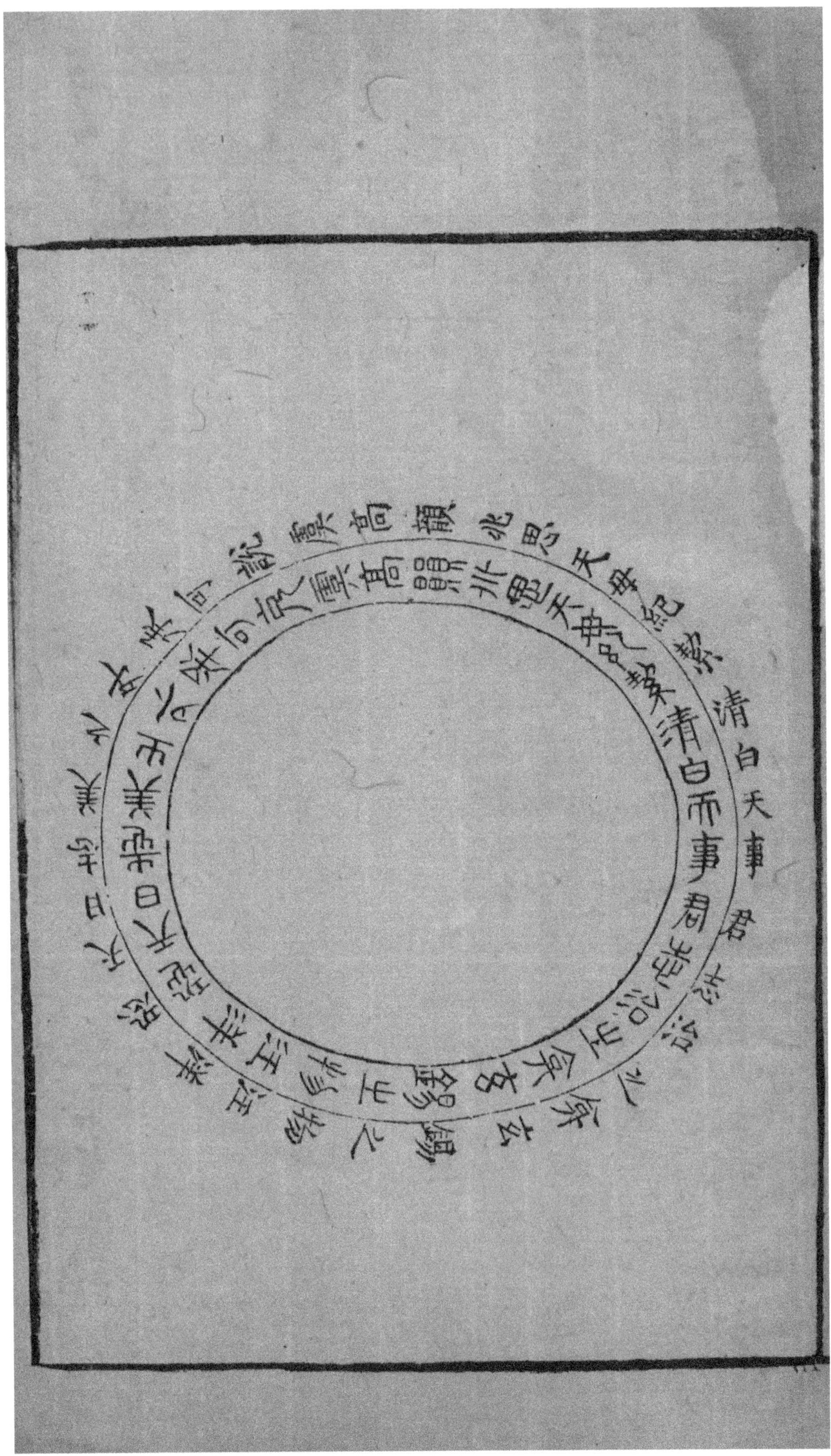

漢清明鑑一

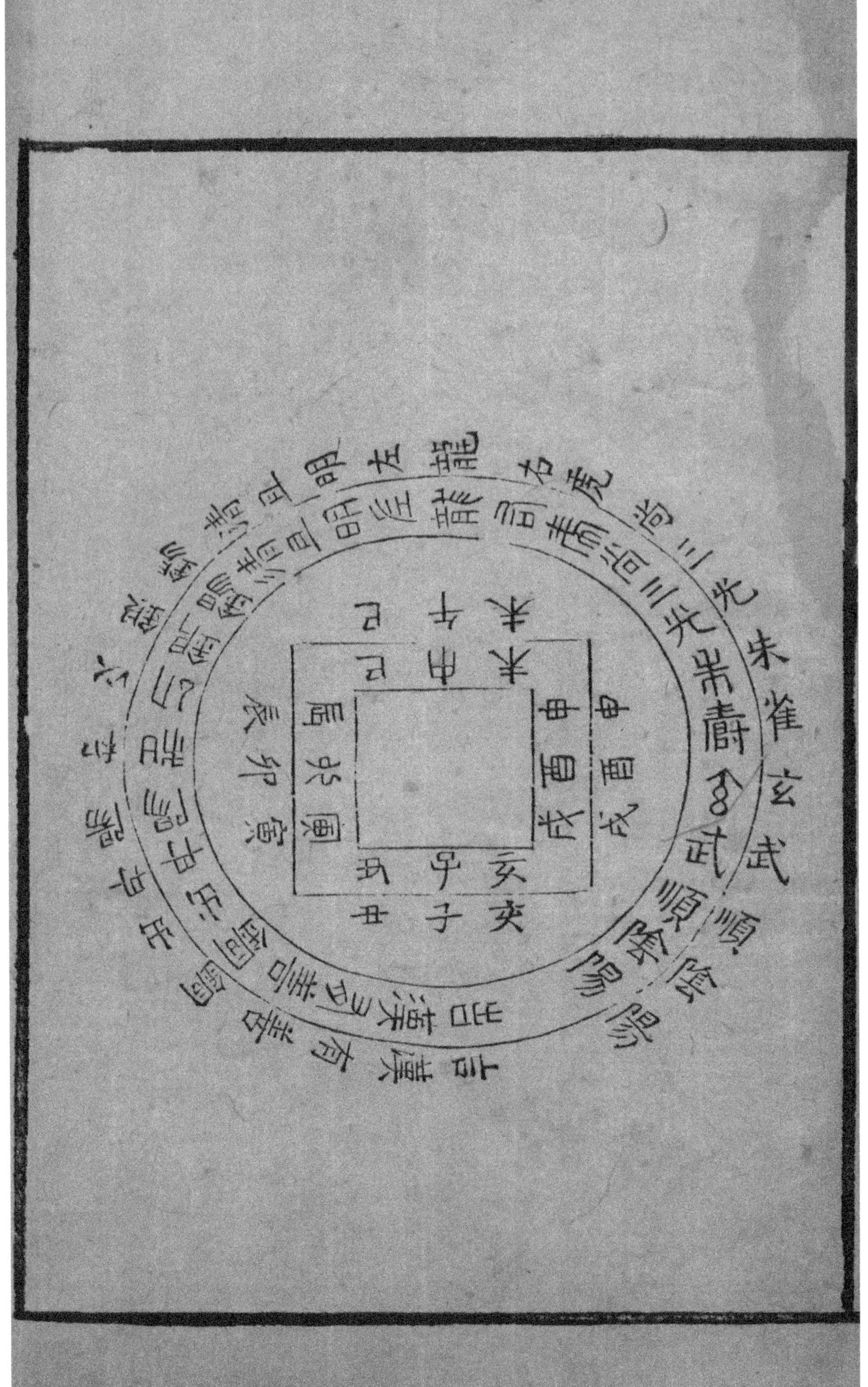

漢清明鑑二
博古廿八
廿八

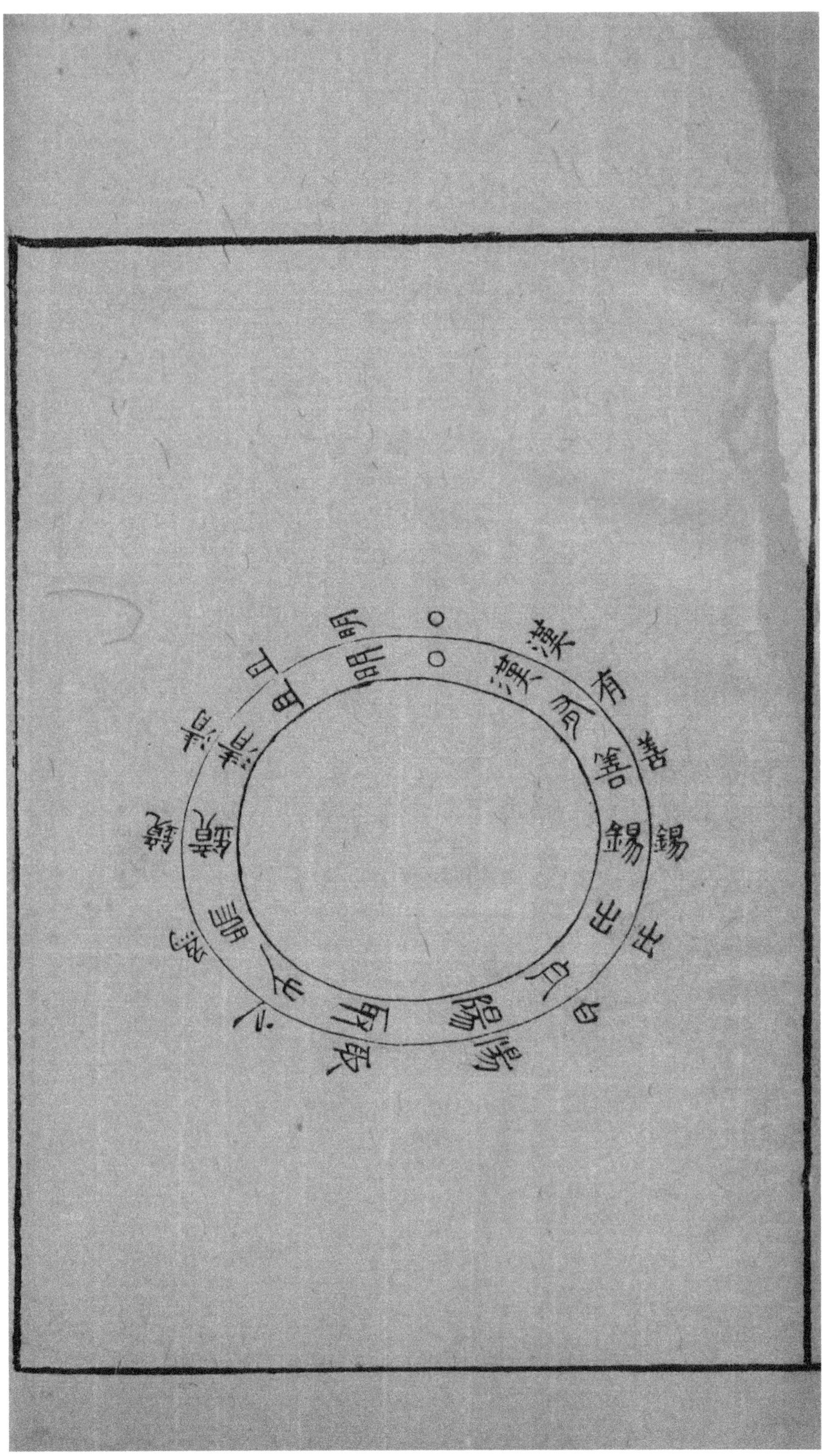

唐萬春鑑一

唐萬春鑑 二

唐瑩質鑑一

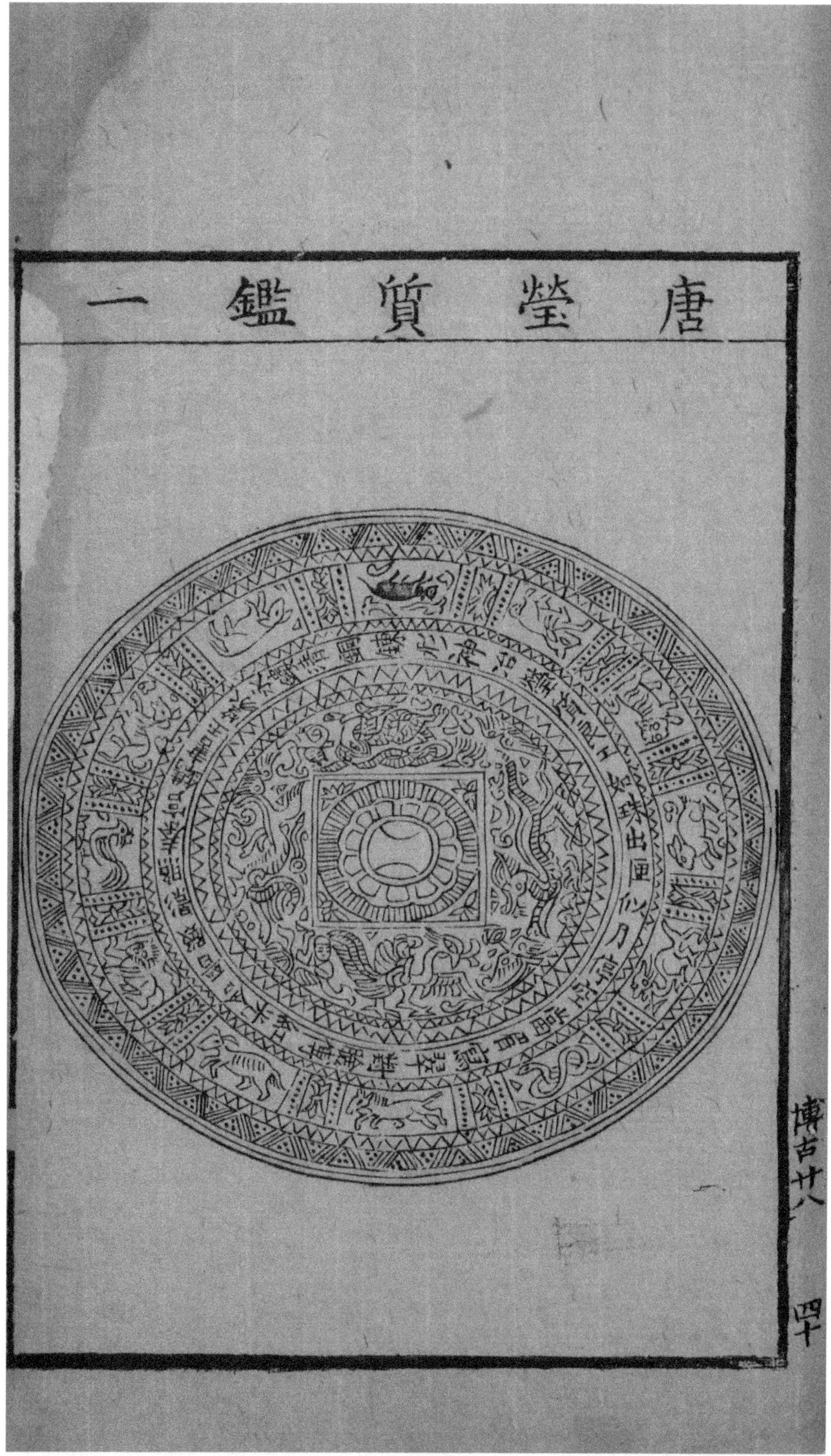

博古廿八　四十

唐瑩質鑑二

詩辭門

漢冊禮鑑徑四寸五分重一十二兩有半銘四十八字

漢尚方鑑一徑六寸重一斤四兩銘五十三字

漢尚方鑑二徑四寸三分重一十二兩有半銘三十五字

漢長上鑑徑五寸三分重十有五兩一分銘

四十字

漢仙人不老鑑徑五寸八分重十兩三分銘三十七字

漢青蓋鑑徑四寸八分重十兩三分銘三十四字

漢胒羌鑑徑六寸重一斤三兩銘二十八字

漢亟頌周商鑑徑四寸六分重九兩三錢銘二十字

漢始青鑑徑四寸一分重八兩銘一十六字

漢清白鑑徑五寸八分重一斤四兩銘三十四字

漢清明鑑一徑四寸八分重一十二兩銘四十一字

漢清明鑑二徑三寸七分重七兩三分銘一十四字

唐萬春鑑一徑八寸八分重八斤銘四十字

唐萬春鑑二徑八寸八分重七斤四兩銘四十字

唐瑩質鑑一徑七寸八分重三斤七兩銘四十字

唐瑩質鑑二徑四寸五分重一斤有半銘三十二字

右一十六器言之不足故嗟歎之嗟歎之不足故永歌之然則言而至於永歌則美之至

也盖物之美则詩亦美焉故水浮之後又次之

博古圖録考正卷第二十八

博古圖錄考正卷第二十九

鑑二 三十九器

善頌門

漢一十一器

宜君公鑑 銘八字

宜官鑑 銘四十字

尚方宜子孫鑑 銘四十六字

長宜子孫鑑一 銘四字

長宜子孫鑑二 銘四字

長宜子孫鑑三 銘四字

長宜子孫鑑四 銘四字

四宜鑑 銘四字

九子鑑 銘一十字

宜侯王鑑 銘一十一字

十六花鑑 銘八字

唐 二器

武德鑑銘五十三字

長宜子孫鑑銘四字

枚乳門

漢六器

百乳鑑

七乳鑑

四乳鑑一

四乳鑑二

四乳鑑三

素乳鑑

龍鳳門

漢二十器

蟠螭鑑銘一十字

龍鳳鑑

龍鵲鑑

鼉龍鑑銘二字

虎龍鑑
雙鳳鑑
鳳馬鑑
雉馬鑑
龍麟鑑
六花鑑
海獸鑑銘四十八字
海馬蒲萄鑑一

海馬蒲萄鑑二
海馬蒲萄鑑三
海馬蒲萄鑑四
海馬蒲萄鑑五
海馬蒲萄鑑六
海貝方鑑
海獸朱鳳鑑
海馬狻猊鑑

漢宜君公鑑

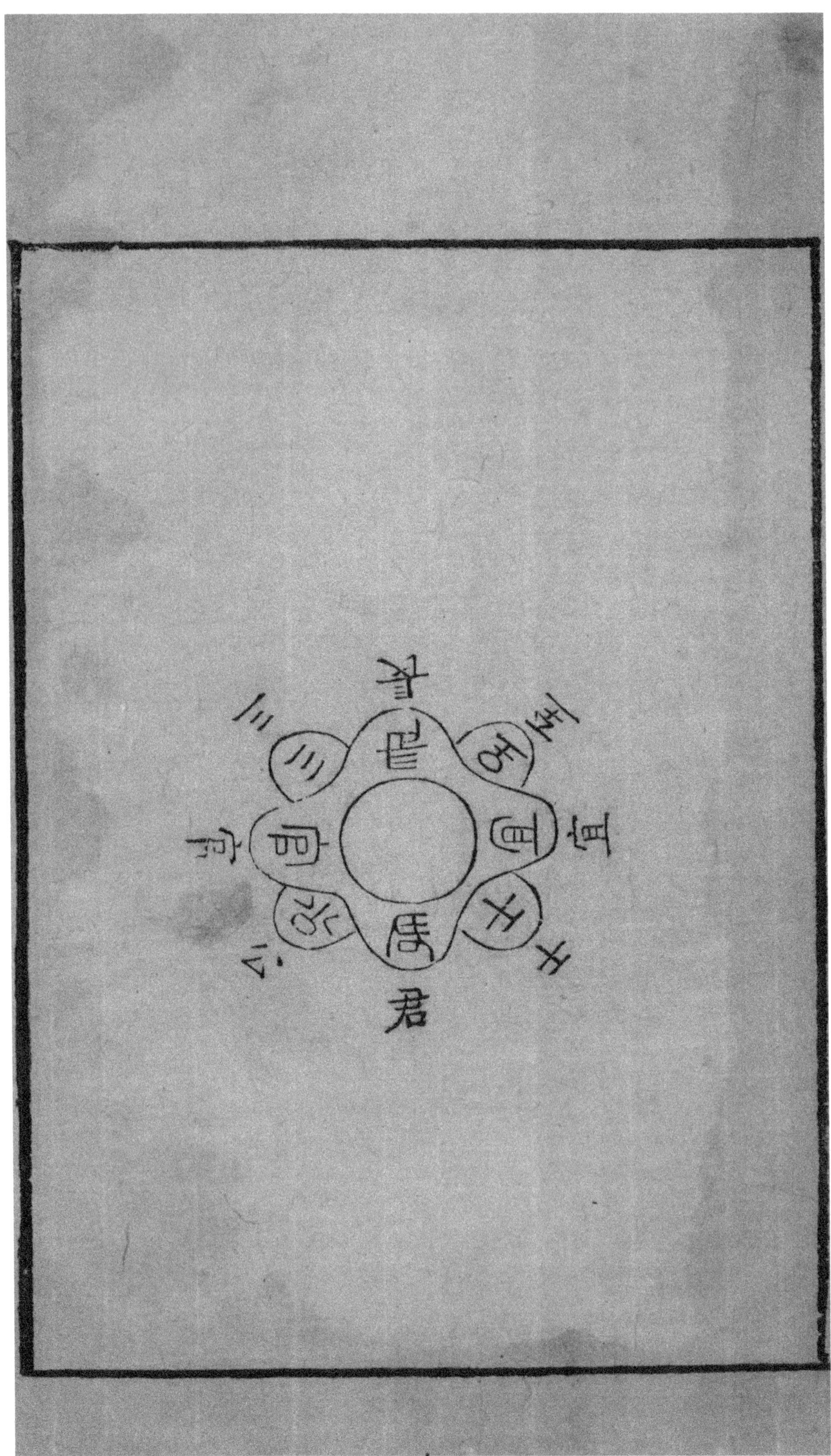
君

漢宜官鑑

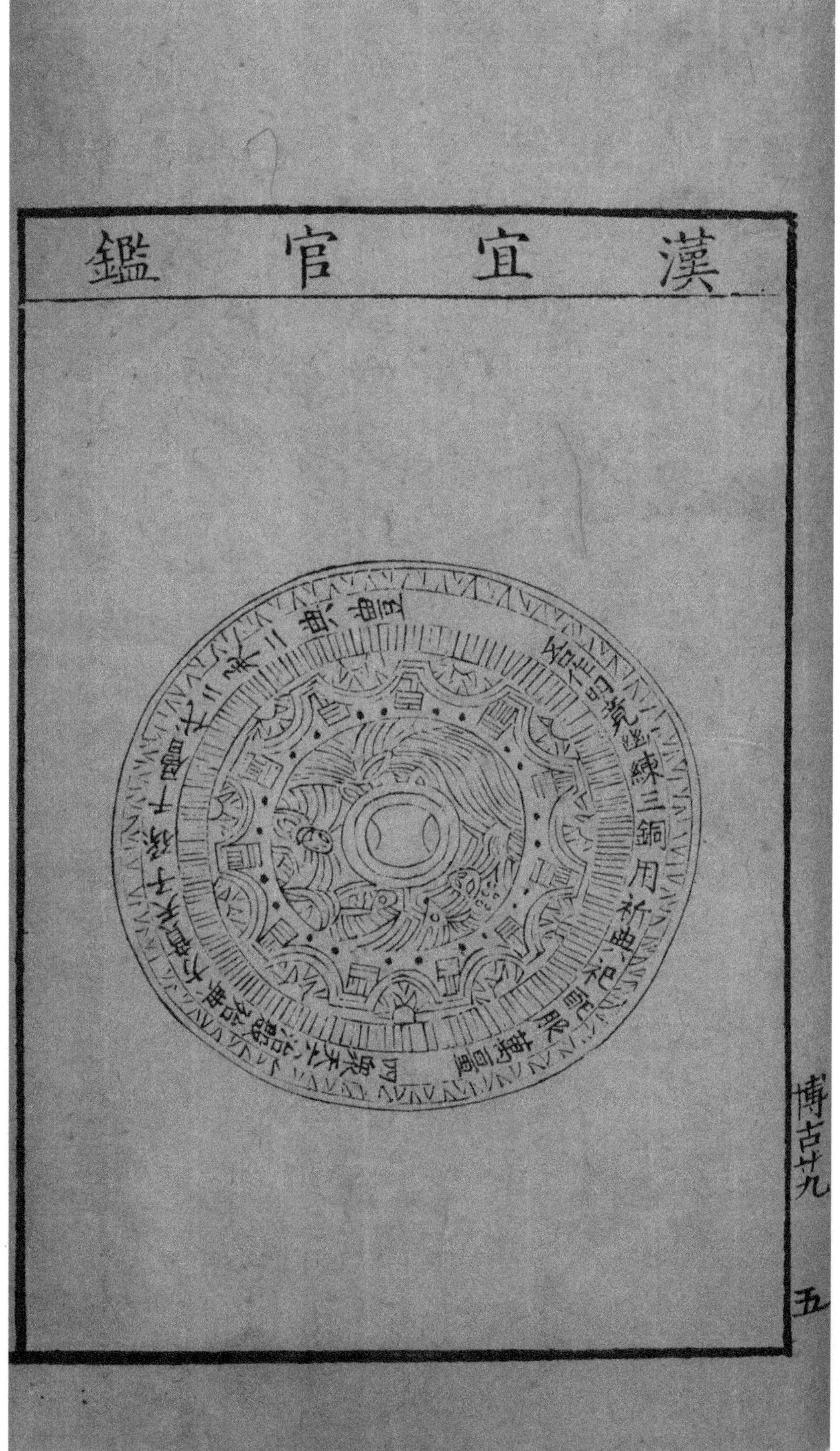

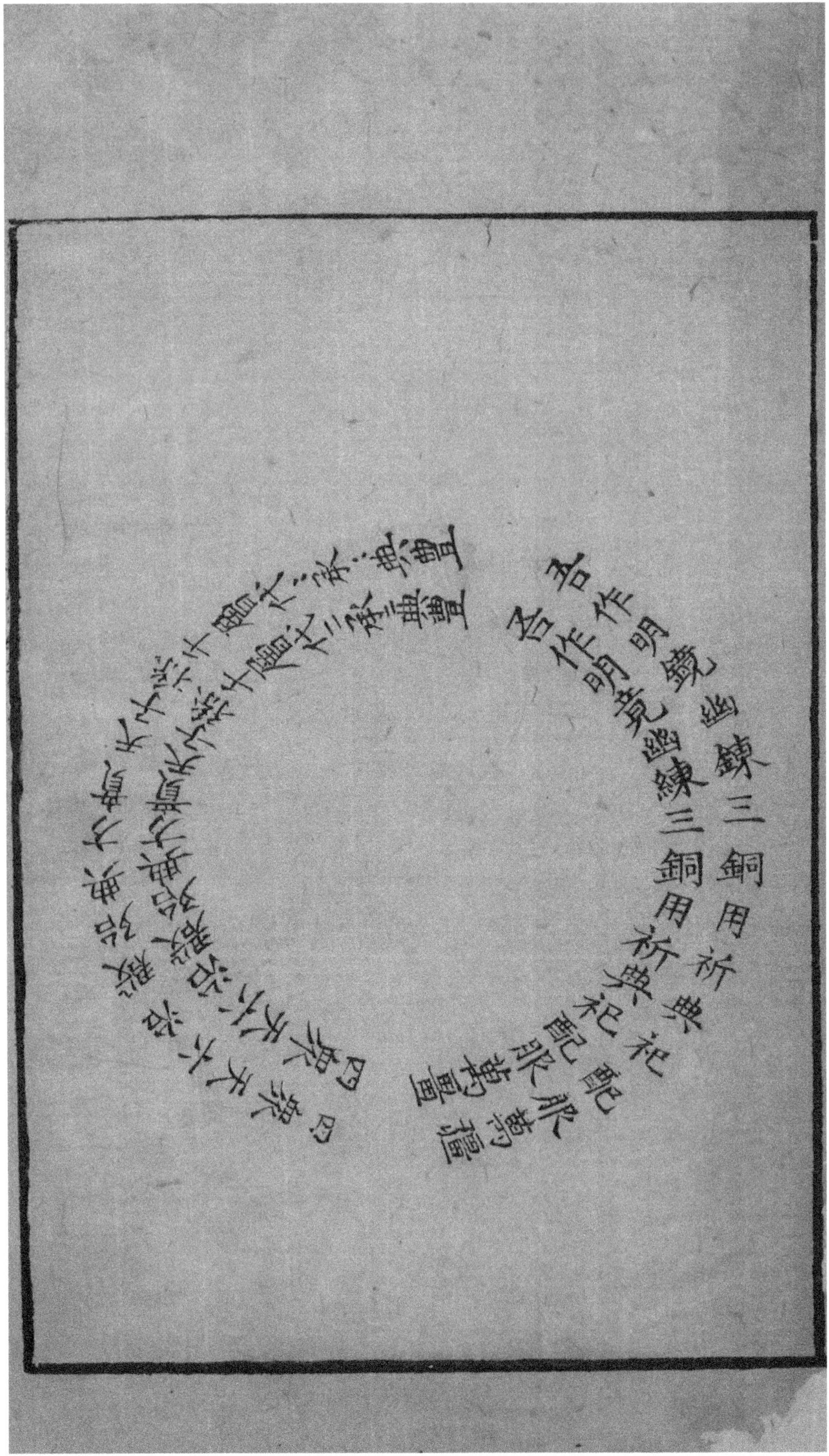
吾作明竟幽鍊三銅用祈典祀配服萬疆
吾作明竟幽鍊三銅用祈典祀配服萬疆

漢尚方宜子孫鑑

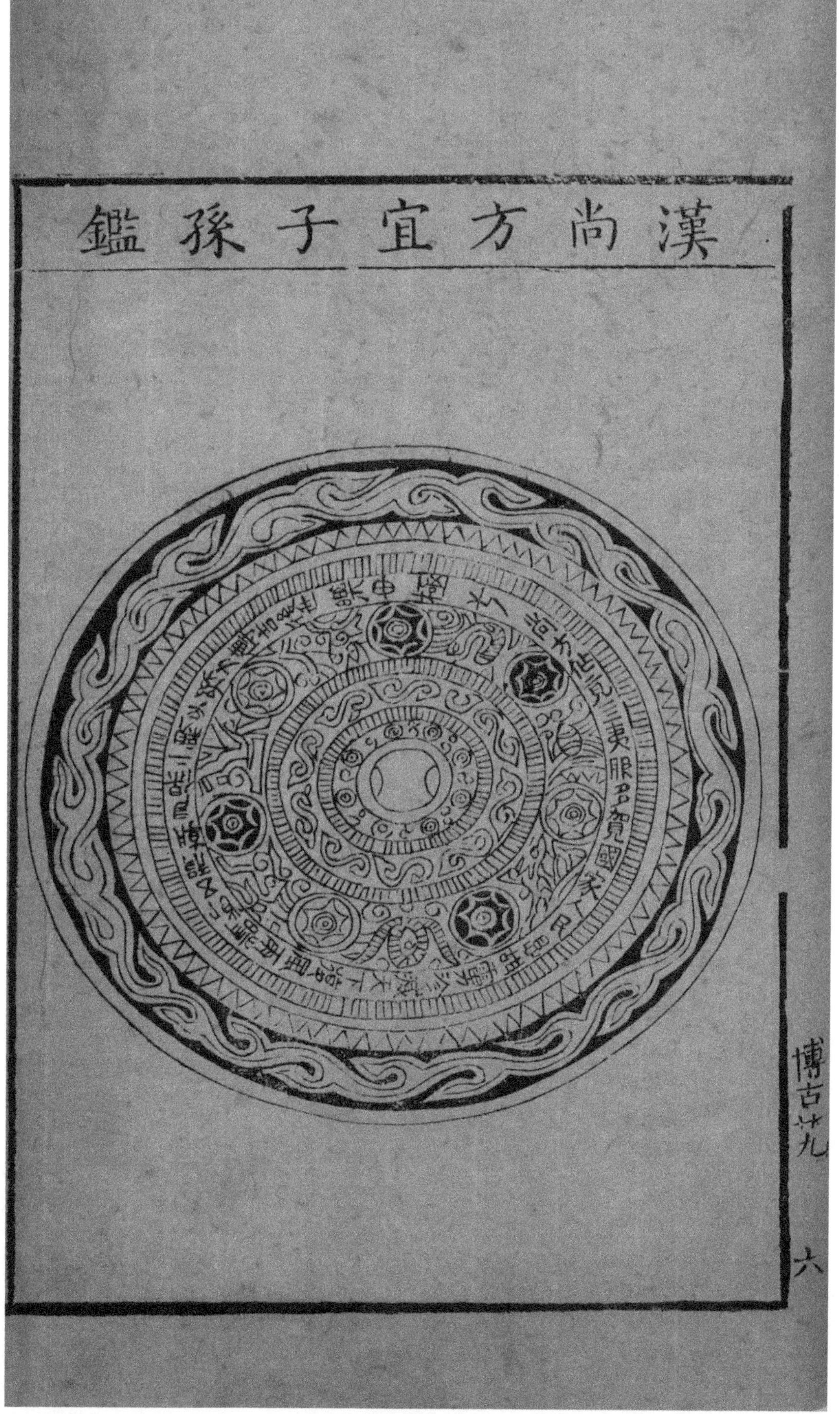

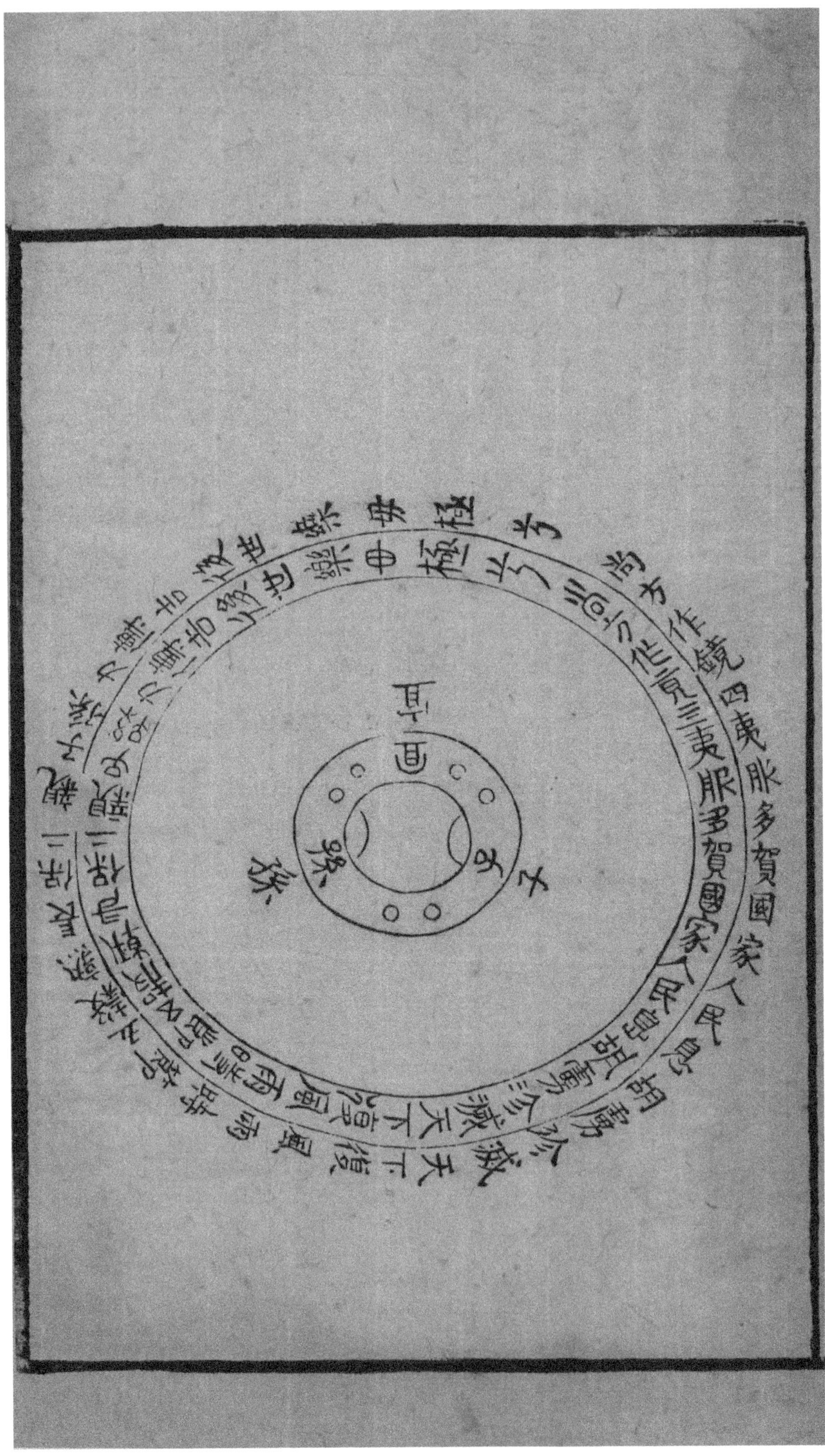

漢長宜子孫鑑一

漢長宜子孫鑑二

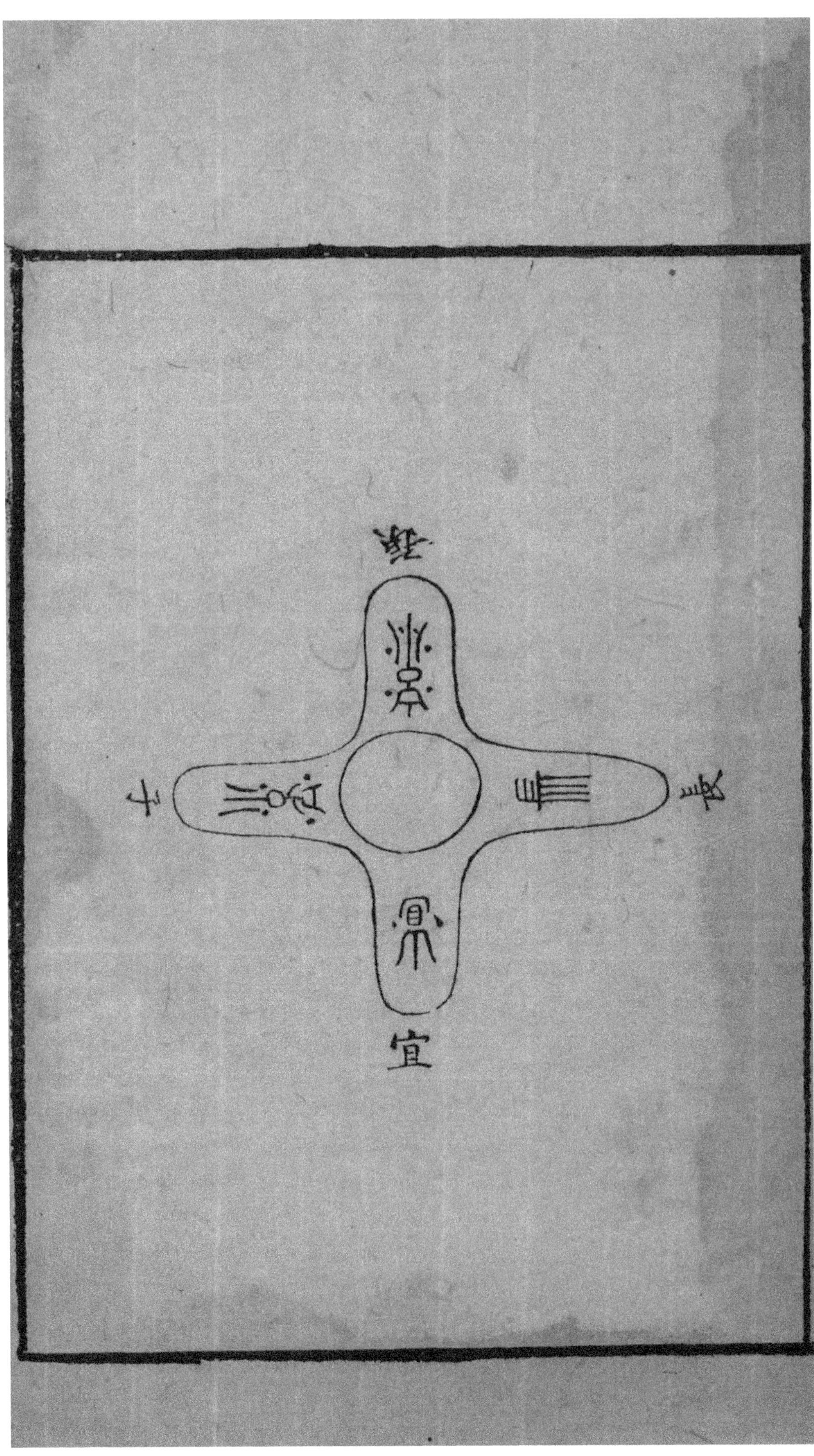
宜

漢長宜子孫鑑三

博古廿九

九

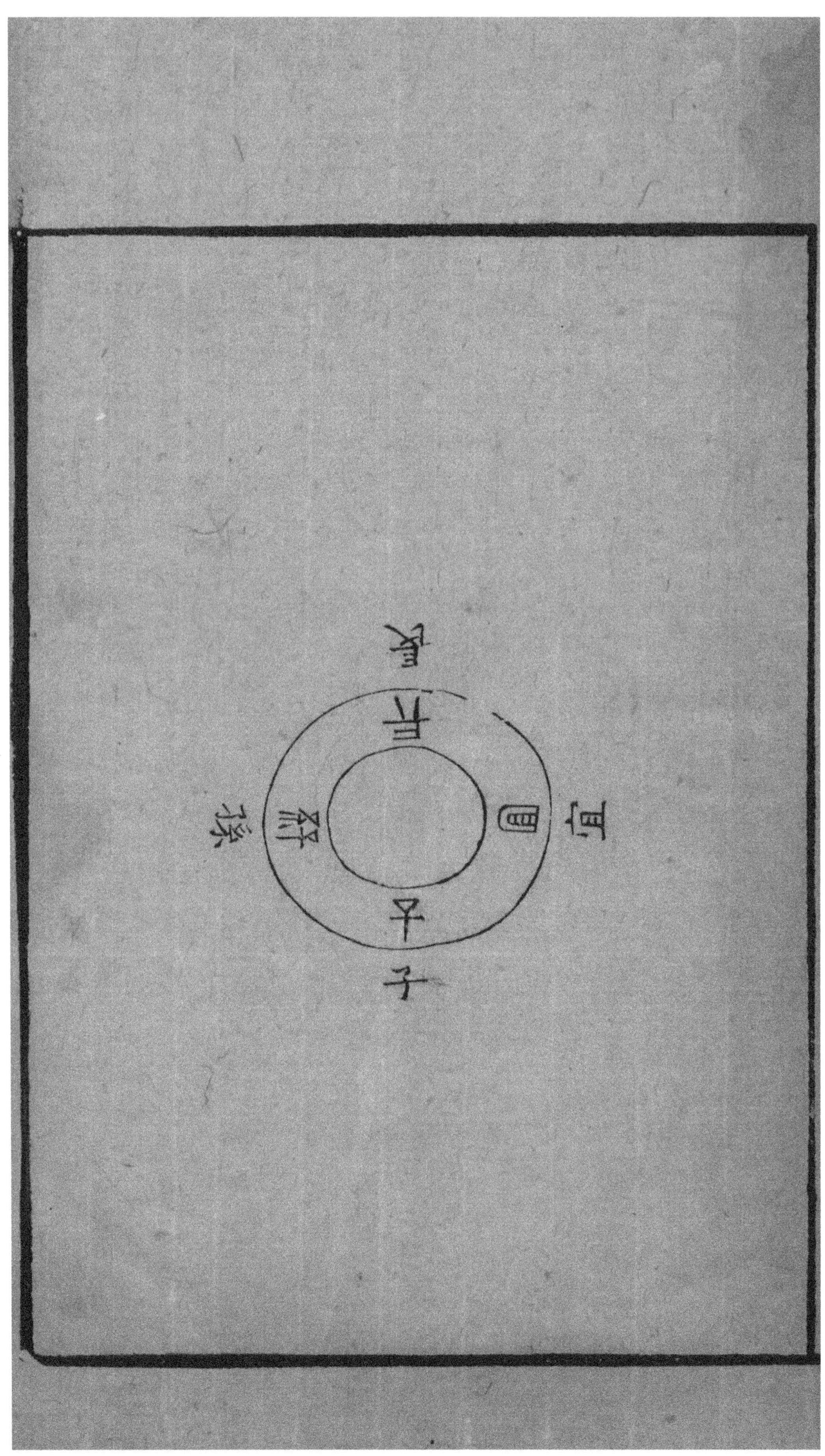
子
宜
長
孫

漢長宜子孫鑑四

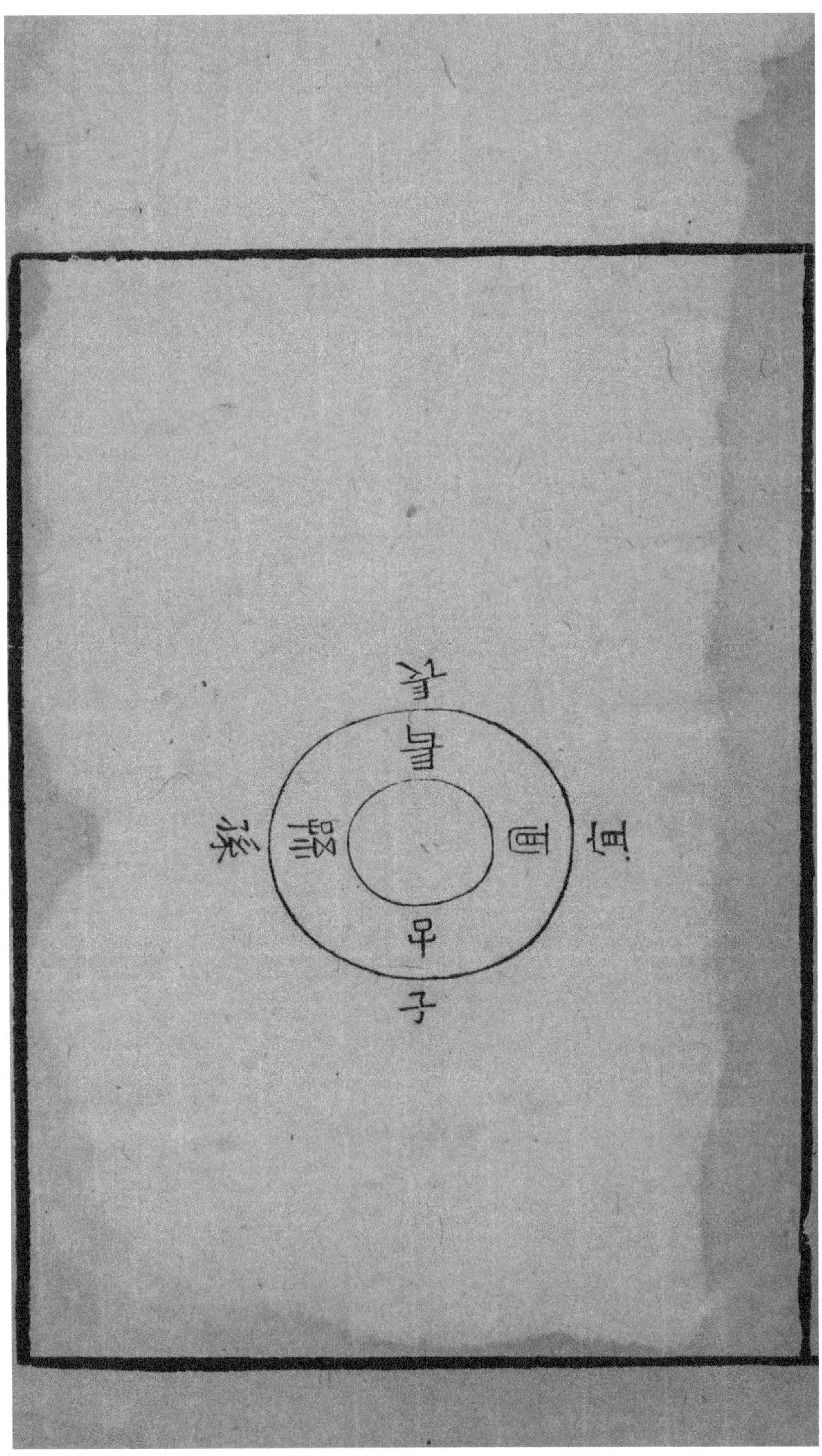
長
宜
子
孫

漢四宜鑑

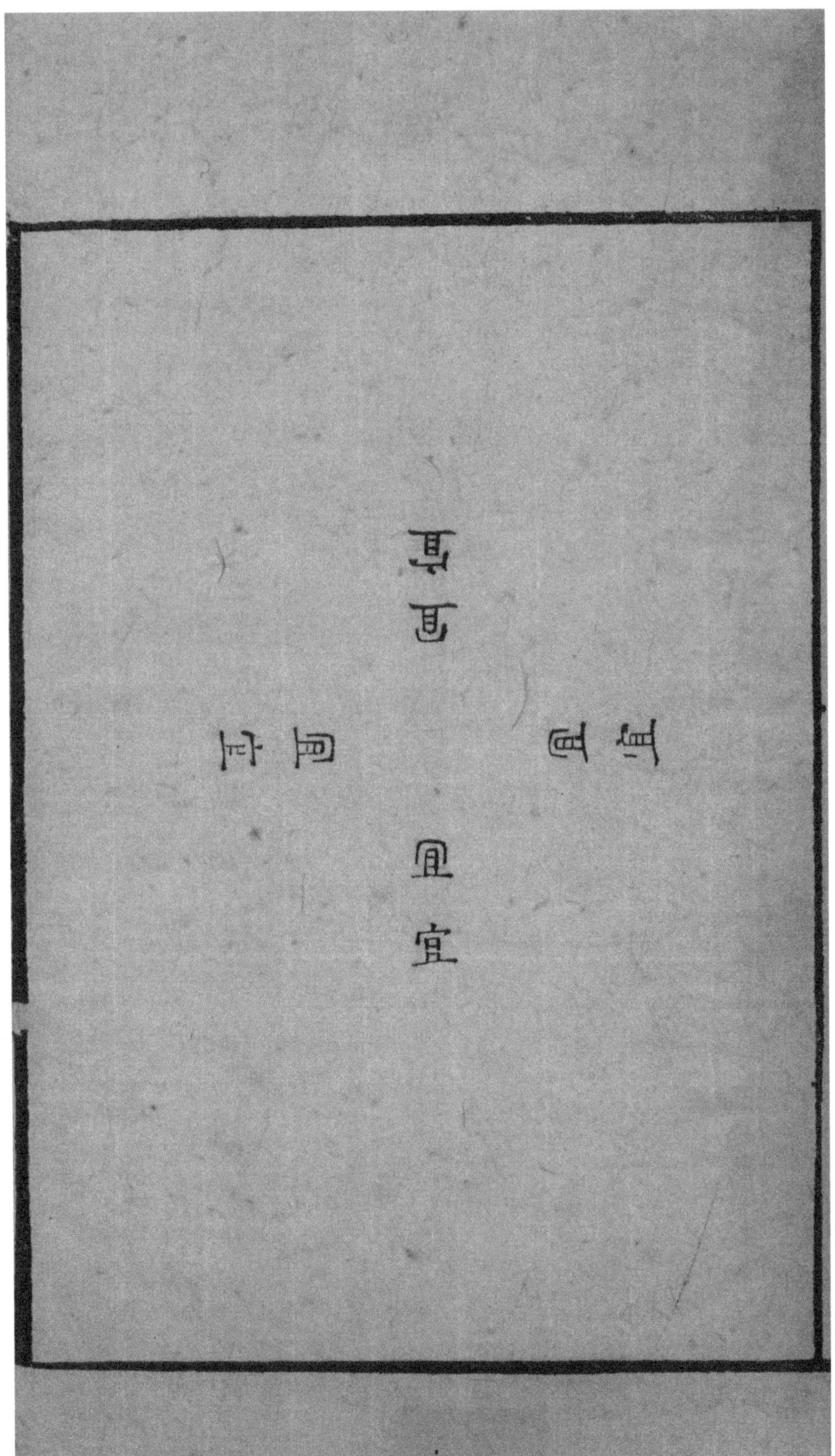
宜宜

漢九子鑑

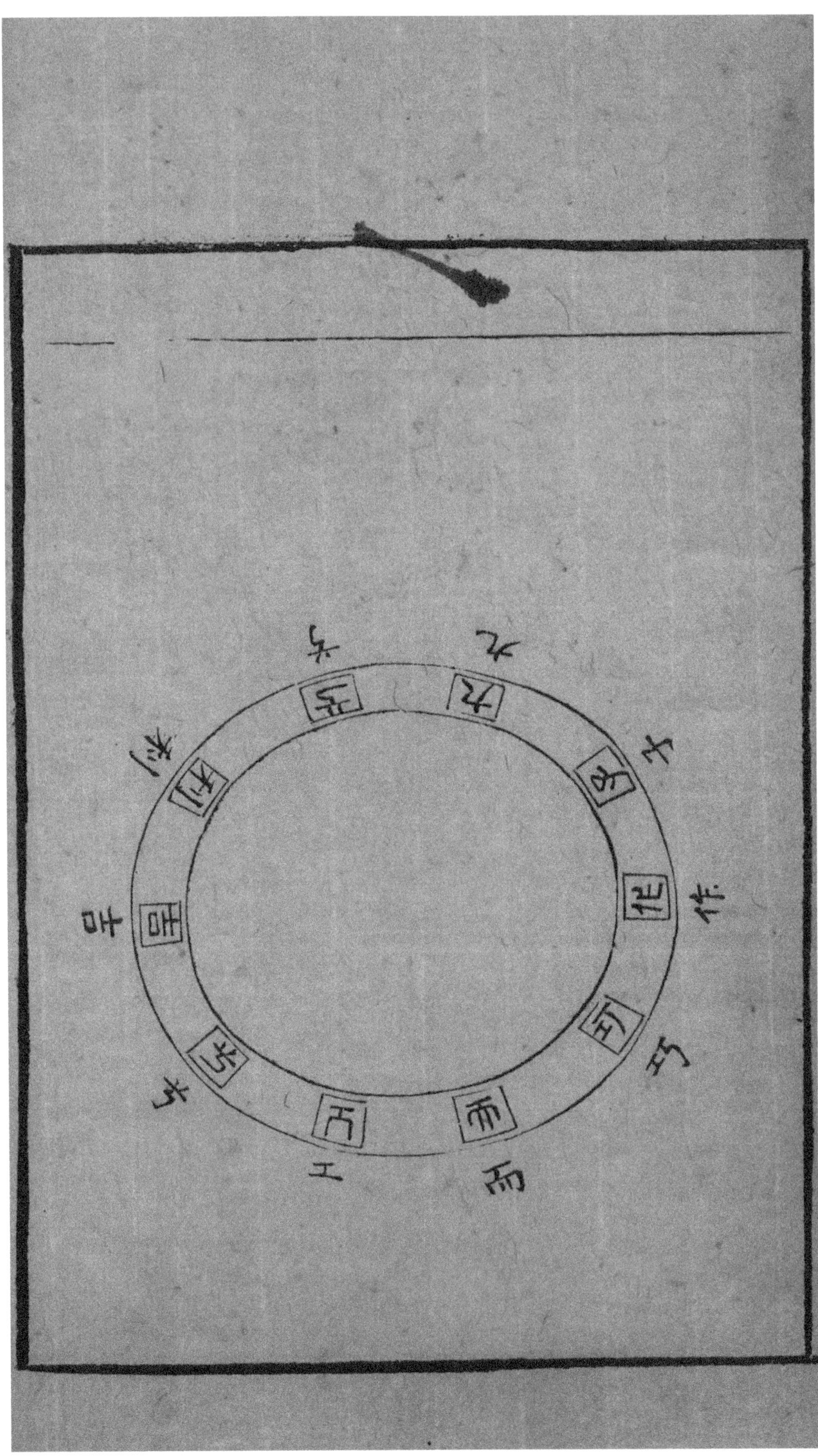
九
子
作
巧
雨
工

漢宜侯王鑑

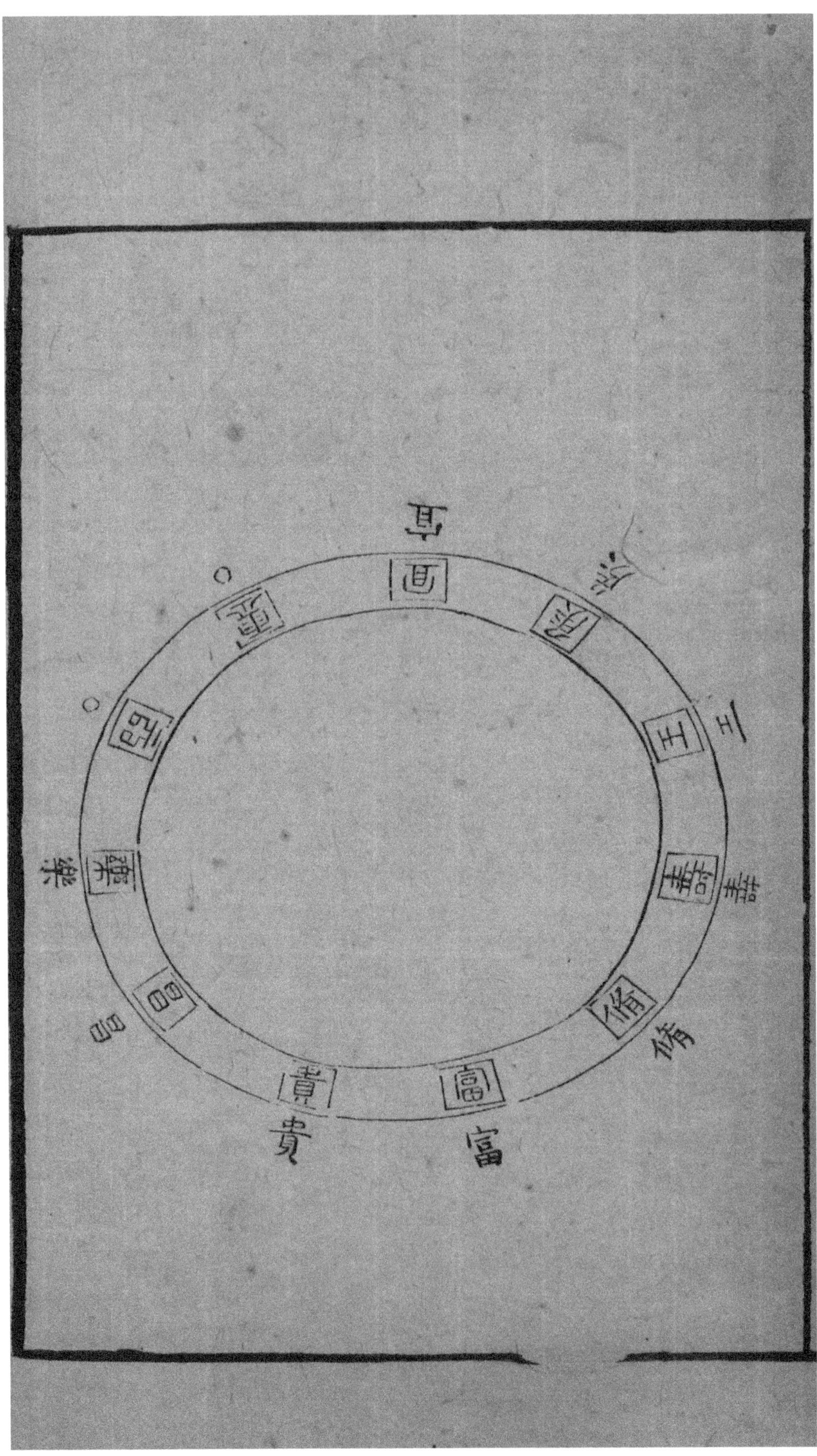
富
貴
樂
壽
昌

漢十六花鑑

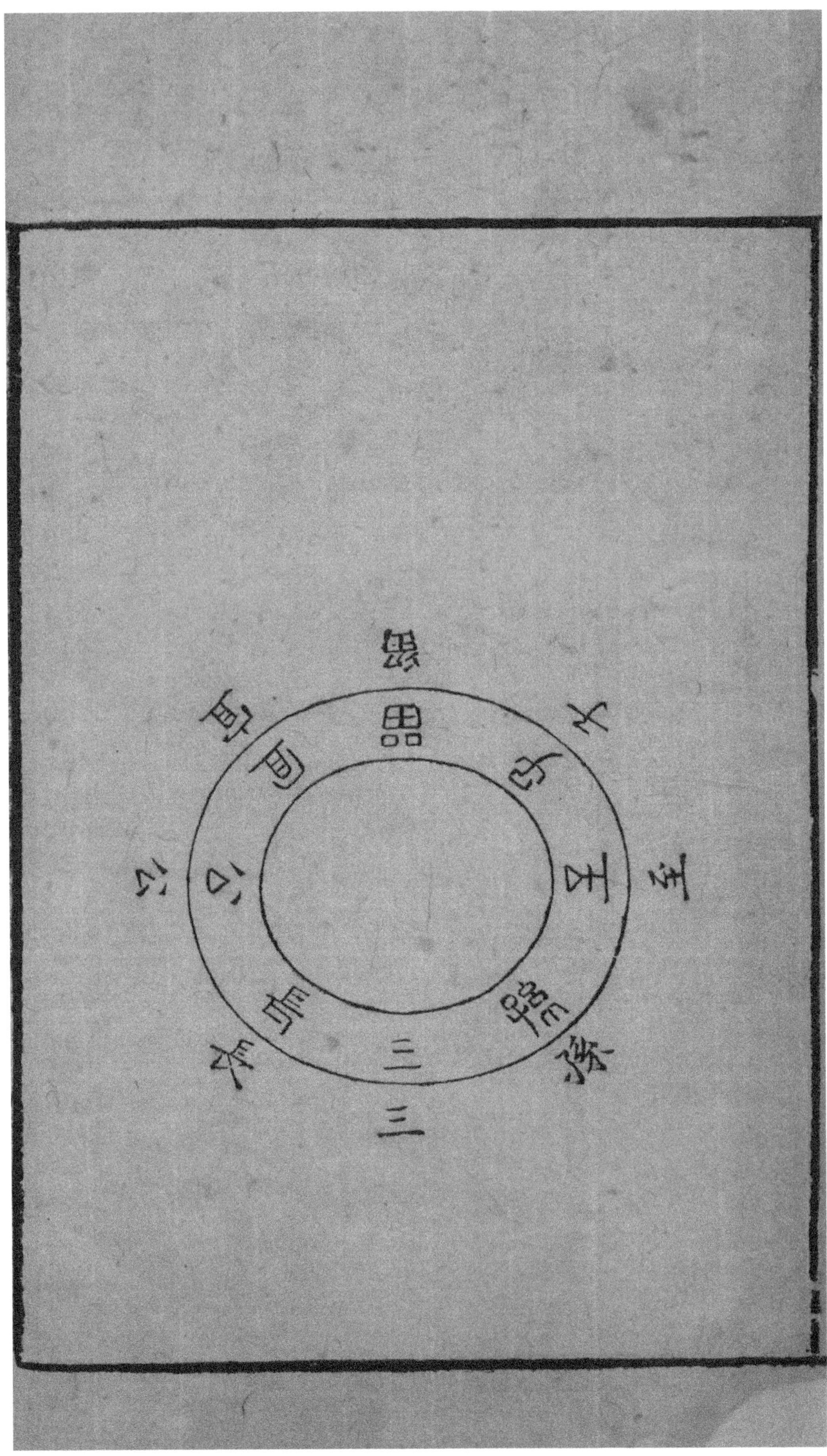

唐武德鑑

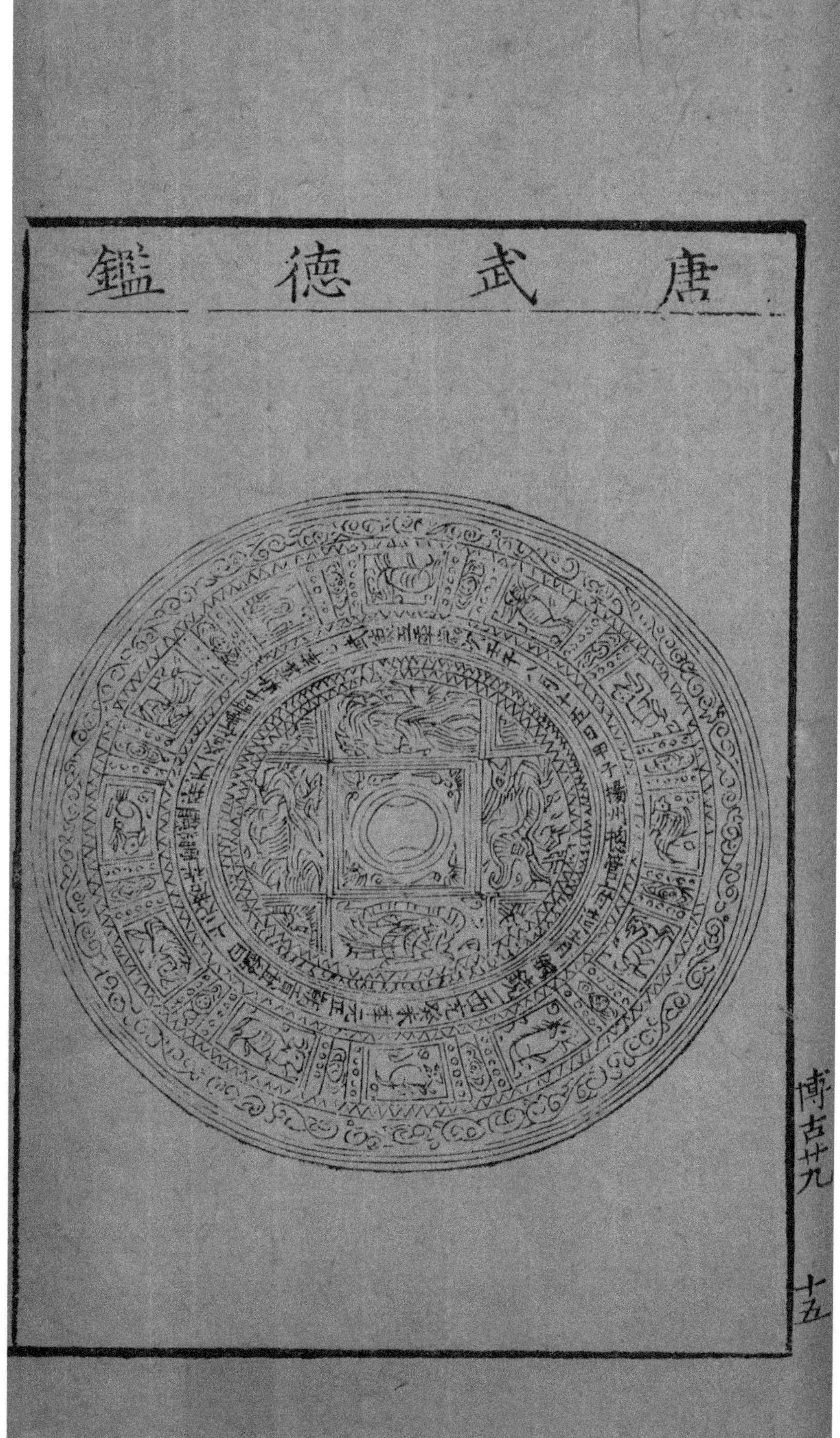

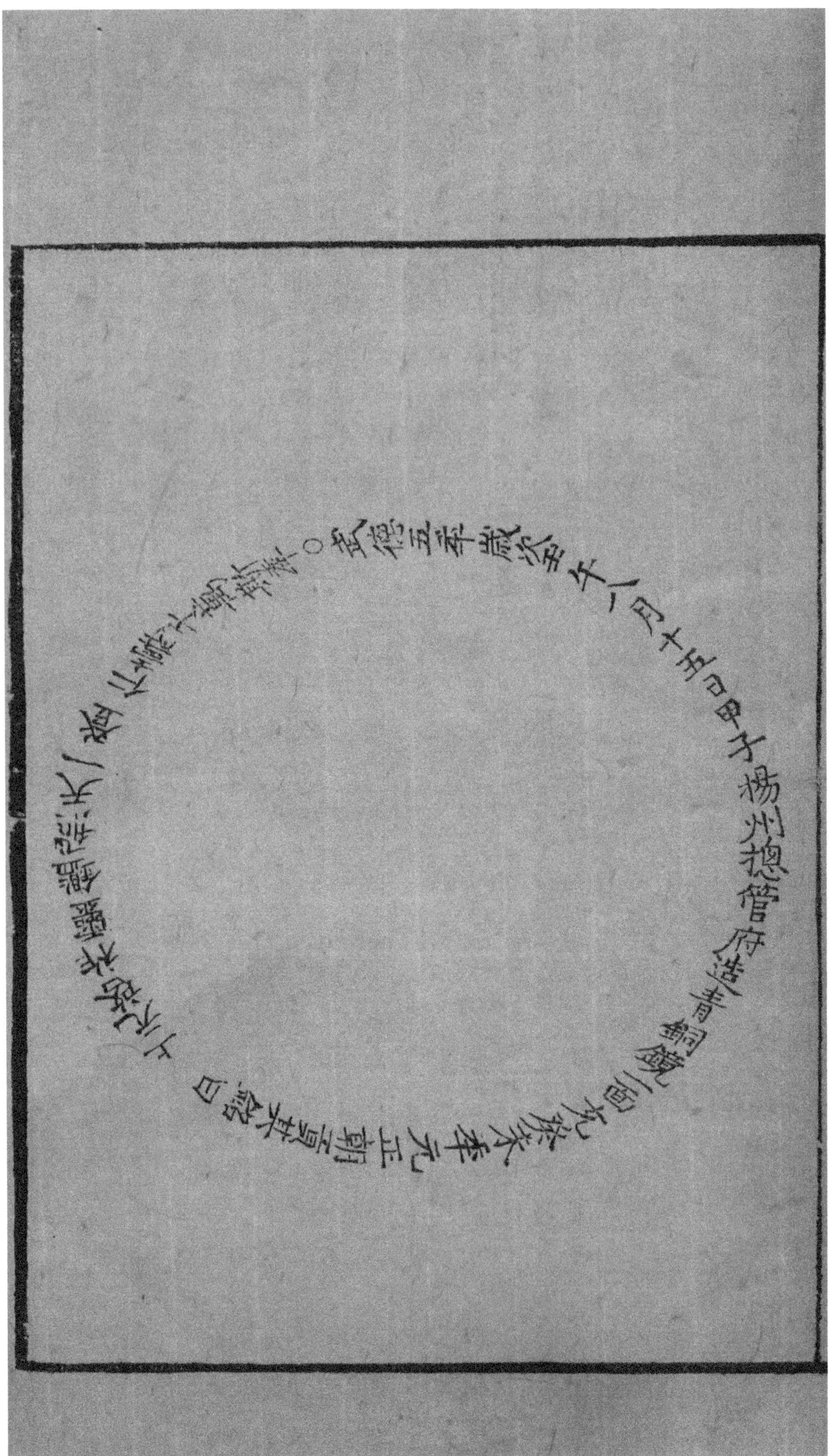
○武德五年歲次壬午八月十五日甲子揚州總管府造青銅鏡一面充癸未年元正朝貢其銘曰上元啓祚靈鑒飛天一登仁壽於萬斯年

唐長宜子孫鑑

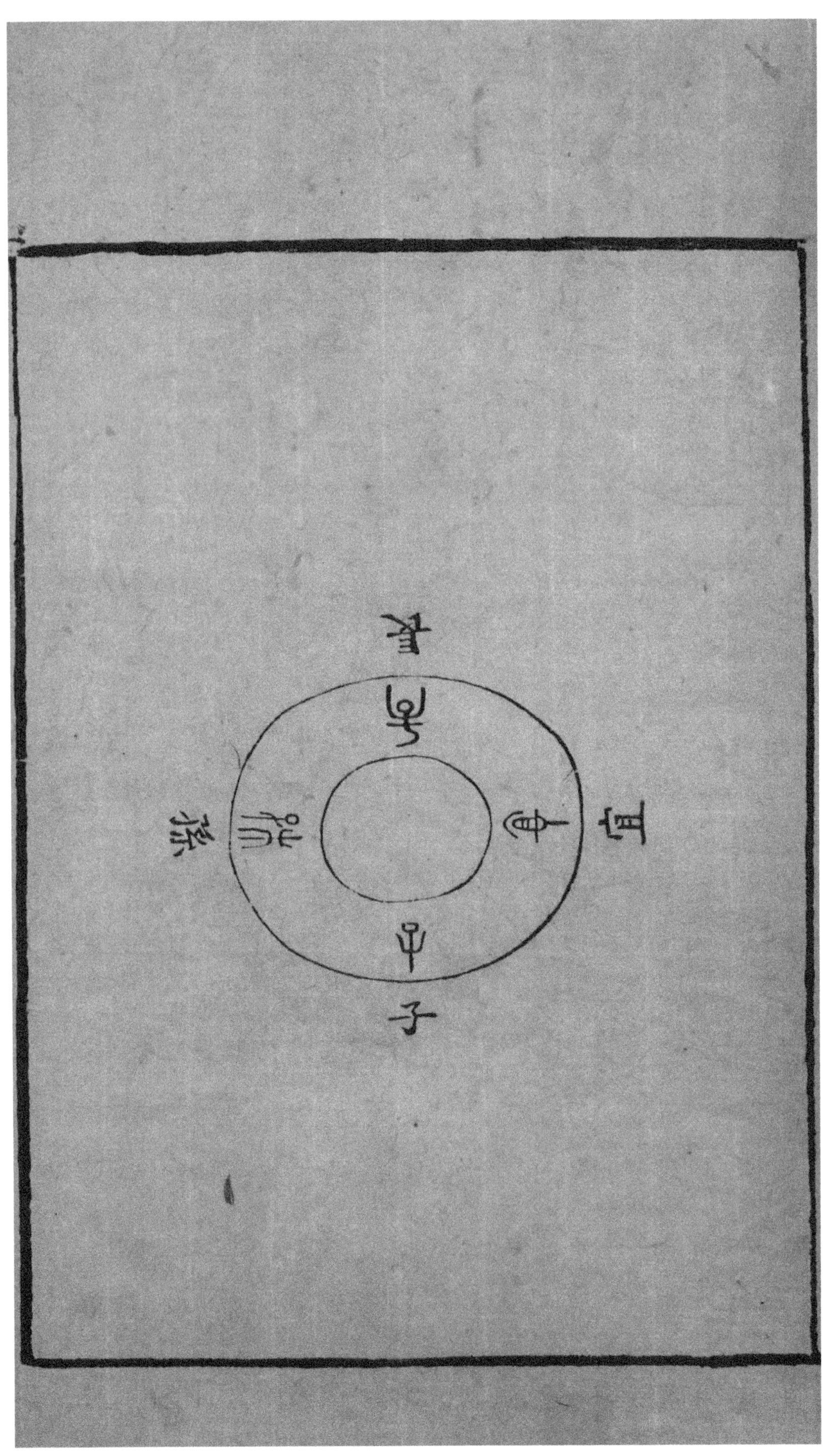
宜
子
孫
長

善頌門

漢宜君公鑑徑三寸九分重七兩三分銘八字

漢宜官鑑徑三寸四分重四兩三錢銘四十字

漢尚方宜子孫鑑徑五寸八分重一十三兩有半銘四十六字

漢長宜子孫鑑一徑五寸二分重一十三兩

有半銘四字

漢長宜子孫鑑二徑四寸六分重一十四兩

銘四字

漢長宜子孫鑑三徑五寸九分重一十五兩

銘四字

漢長宜子孫鑑四徑六寸重一斤十有三兩

銘四字

漢四宜鑑徑四寸五分重一十二兩有半銘

四字

漢九子鑑徑四寸三分重一十兩有半銘十字

漢宜侯王鑑徑四寸四分重一斤銘一十一字

漢十六花鑑徑六寸八分重二斤十有五兩銘八字

唐武德鑑徑九寸五分重五斤五兩銘五十三字

唐長宜子孫鑑徑七寸五分重二斤二兩銘

四字

右一十三鑑凡頌之非所宜則雖無頌可也然則頌之斯宜之矣詩曰宜民宜王上之所以宜於下也罄無不宜臣之所以宜於君也宜爾室家言家道之宜也宜君宜王言子孫之宜也鑑之爲用無所不有故其言有所謂宜君公宜侯王宜官宜子孫焉此所以又以善頌次之也

漢百乳鑑

博古廿九　十九

漢七乳鑑

漢四乳鑑一
博古廿九
平

漢四乳鑑二

漢四乳鑑三

博古十九 廿一

漢素乳鑑

枚乳門

漢百乳鑑徑五寸八分重一斤三兩無銘

漢七乳鑑徑五寸四分重一斤三兩無銘

漢四乳鑑一徑三寸一分重五兩三分無銘

漢四乳鑑二徑三寸一分重四兩有半無銘

漢四乳鑑三徑二寸六分重三兩無銘

漢素乳鑑徑三寸三分重四兩無銘

右六鑑鍾有枚枚所謂乳也彝有乳乳所以

養也蓋樂之聲所以養其耳酒之味所以養其體此其飾之以枚焉鑑亦有枚者所以燭其形而主養故也人所祝頌以養之至也故以枚乳次善頌之後

漢蟠螭鑑

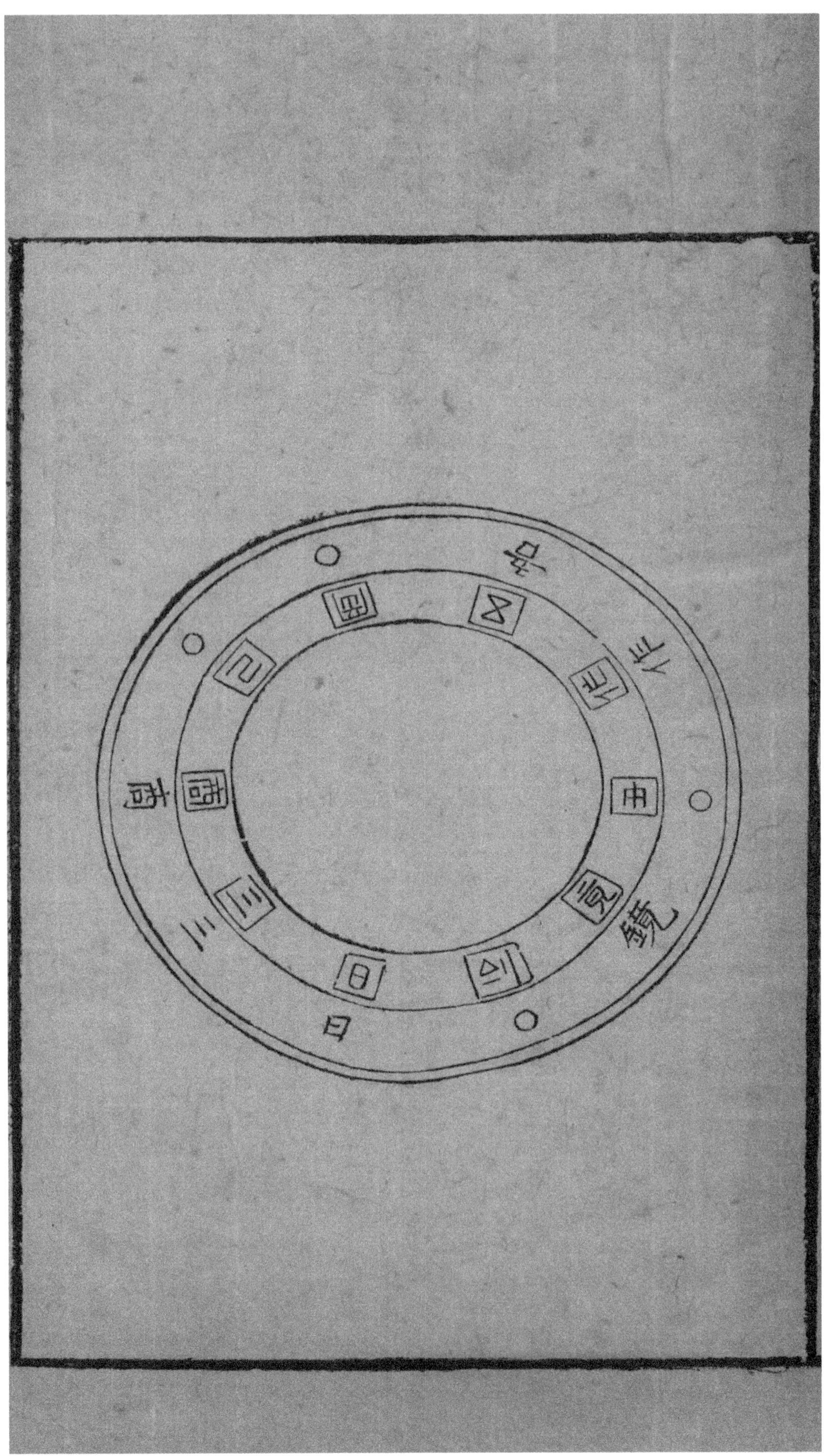

漢龍鳳鑑
博古廿九
卌

漢龍鵲鑑

漢鼉龍鑑

漢虎龍鑑

漢雙鳳鑑

博古廿九　廿六

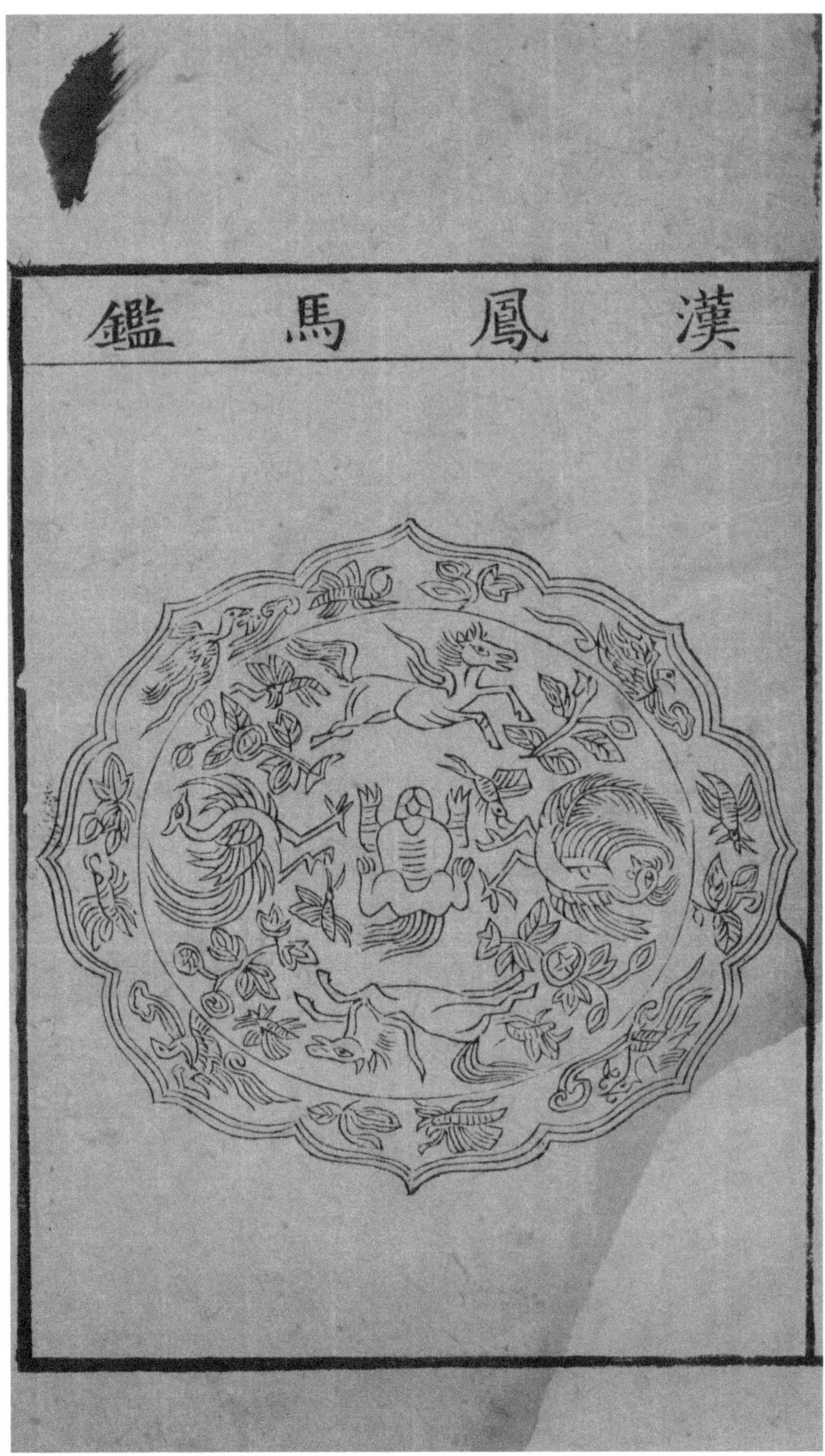

漢鳳馬鑑

漢雉馬鑑

漢龍麟鑑

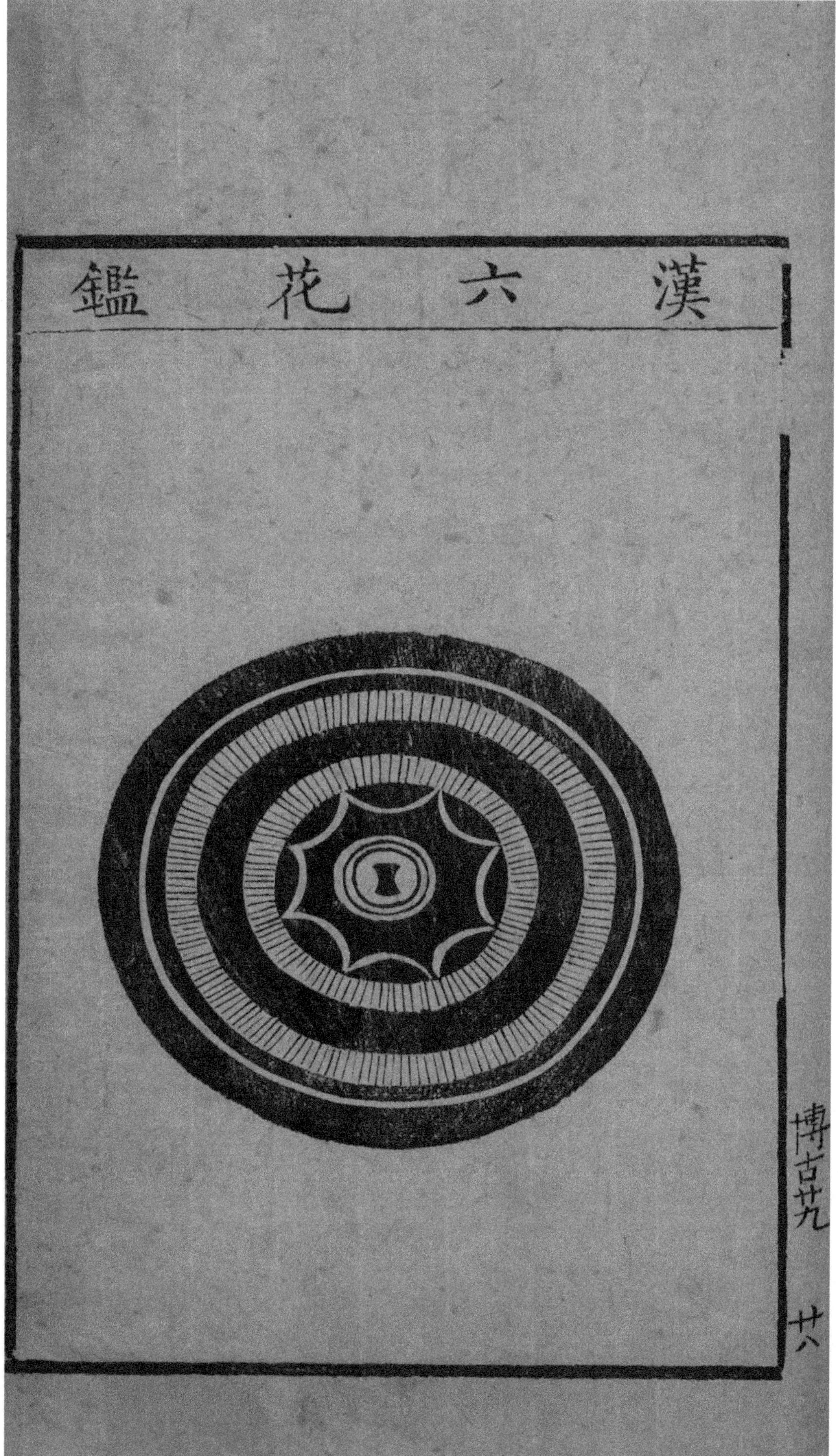
漢六花鑑
博古廿九
廿八

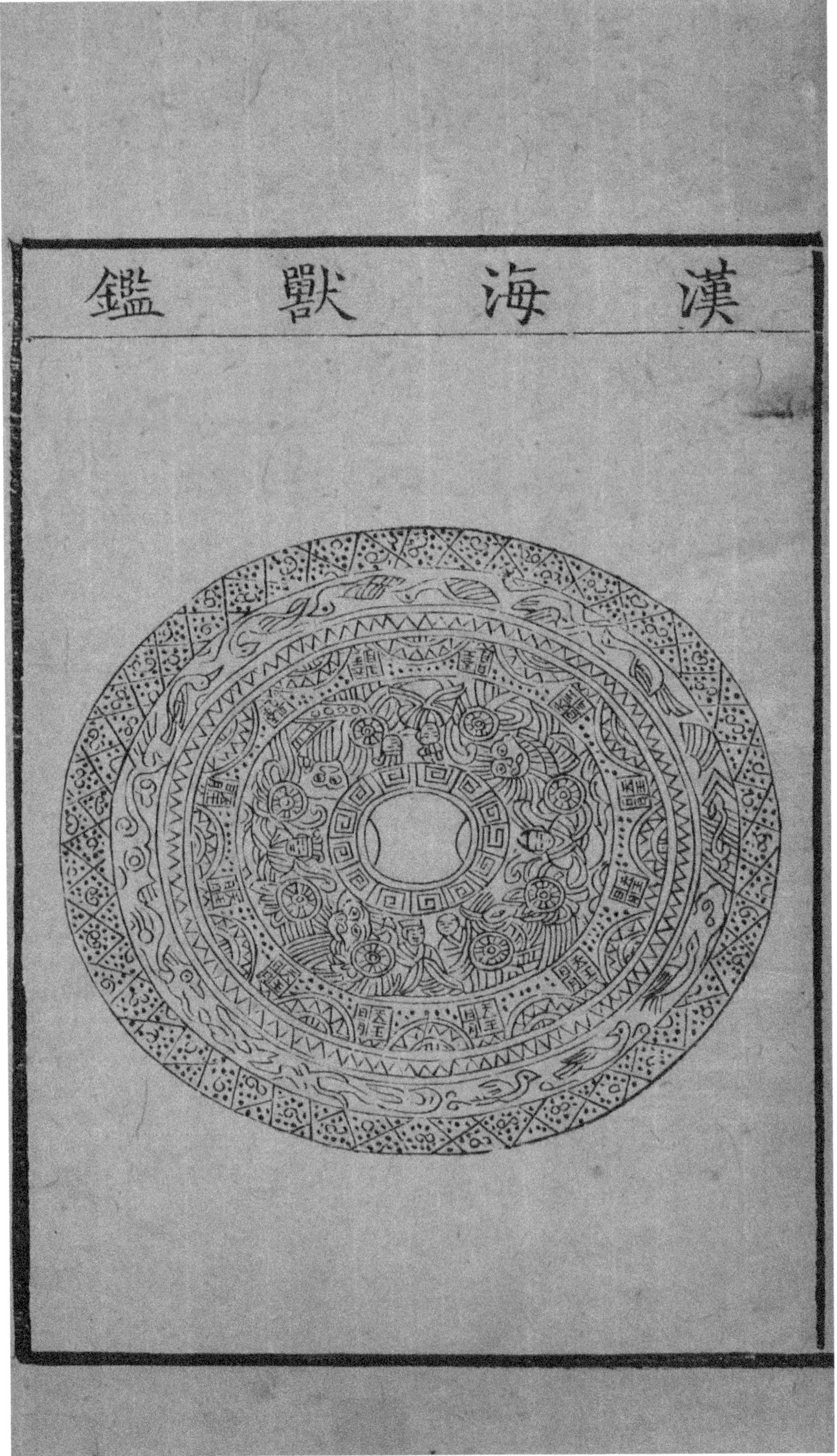
漢海獸鑑

漢海馬蒲萄鑑一

漢海馬蒲萄鑑二

漢海馬蒲萄鑑三

漢海馬蒲萄鑑四

漢海馬蒲萄鑑五

博古廿九　廿一

漢海馬蒲萄鑑六

漢海貝方鑑

博古九　廿二

漢海獸朱鳳鑑

漢海馬狻猊鑑

龍鳳門

漢蟠螭鑑徑三寸七分重六兩銘一十字

漢龍鳳鑑徑六寸重一斤七兩無銘

漢龍鵲鑑徑四寸九分重一十五兩無銘

漢鼉龍鑑徑三寸六分重四兩七錢銘二字

漢虎龍鑑徑四寸一分重九兩無銘

漢雙鳳鑑徑五寸重一斤三兩無銘

漢鳳馬鑑徑八寸五分重三斤一十兩無銘

漢雉馬鑑徑三寸九分重十有一兩無銘

漢龍麟鑑徑五寸二分重一斤二兩無銘

漢六花鑑徑二寸九分重三兩無銘

漢海獸鑑徑四寸九分重一斤一兩銘四十八字

漢海馬蒲萄鑑一徑九寸七分重五斤六兩無銘

漢海馬蒲萄鑑二徑九寸六分重五斤五兩

無銘

漢海馬蒲萄鑑三徑七寸四分重一斤一十五兩無銘

漢海馬蒲萄鑑四徑七寸七分重二斤二兩無銘

漢海馬蒲萄鑑五徑五寸七分五厘重一十五兩無銘

漢海馬蒲萄鑑六徑三寸五分重四兩無銘

漢海貝方鑑自方三寸重五兩二分無銘

漢海獸朱鳳鑑徑九寸二分重四斤一十二兩無銘

漢海馬狻猊鑑徑七寸三分重二斤五兩無銘

博古圖錄考正卷第二十九

博古圖録考正卷第三十

鑑三 三十八器

龍鳳門

唐 一十五器

龍鑑

雲龍鑑

雲龍八花鑑

雲龍花雀鑑

鸞鳳鑑

舞鳳狻猊鑑

蓮鳳鑑

鳳銜花鑑

鹿鳳蒲萄鑑

象鑑

饕餮鑑

瑞圖鑑 銘四十三字

寶花鑑

海獸鑑

海獸蒲萄鑑

素質門

漢一器

純素鑑

鐵鑑門

隋一器

十六符鐵鑑銘三十四字

唐二十一器

二十八宿鐵鑑銘六十一字

八卦鐵鑑一銘二十二字

八卦鐵鑑二銘二十八字

十二辰鐵鑑銘二十四字

日月鐵鑑銘四十字

鳳龜八卦鐵鑑

八卦龜鳳鐵鑑

四靈八卦鐵鑑

八卦方鐵鑑

八角八卦鐵鑑

千秋萬歲鐵鑑銘八字

玉堂鐵鑑銘一十六字

自明鐵鑑銘二十字

晉陽龍鐵鑑銘四十六字

戲水龍鐵鑑

鳳花鐵鑑

雙鳳鐵鑑

花雀鐵鑑

寶花鐵鑑一

寶花鐵鑑二

素圜鐵鑑

唐龍鑑

博古三十 四

唐雲龍鑑

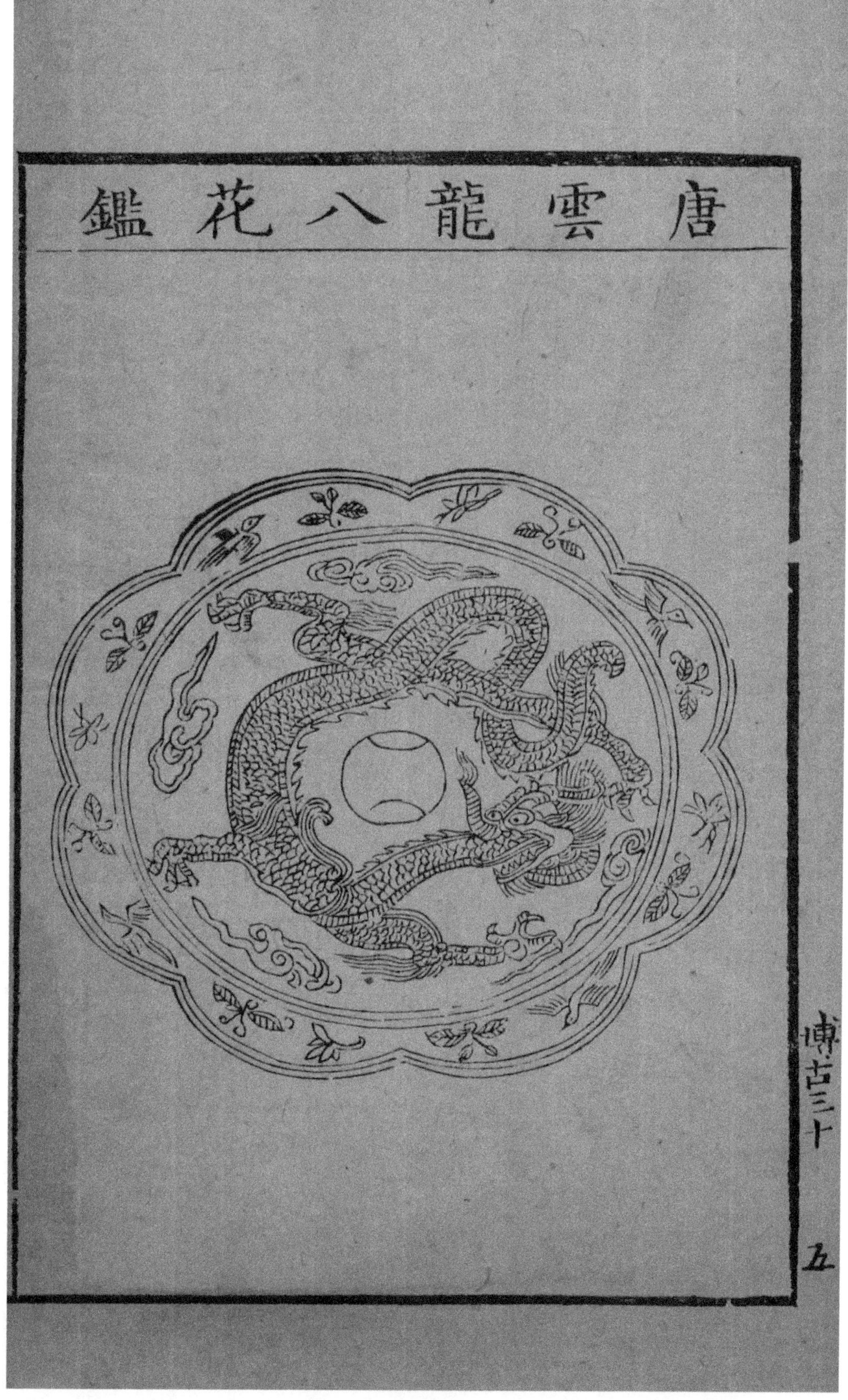
唐雲龍八花鑑

博古三十　五

唐舞鳳狻猊鑑

唐蓮鳳鑑

唐鳳銜花鑑

唐鹿鳳蒲萄鑑

唐象鑑

唐饕餮鑑
博古三十
八

唐瑞圖鑑
鳳凰
合璧

唐寶花鑑

博古三十 九

唐海獸鑑

唐海獸蒲萄鑑
博古三十

龍鳳門

唐龍鑑徑八寸八分重三斤十有五兩無銘

唐雲龍鑑徑三寸八分重十有一兩三分無銘

唐雲龍八花鑑徑六寸三分重十有二兩無銘

唐雲龍花雀鑑徑六寸二分重一斤九兩無銘

唐鸞鳳鑑徑六寸一分重二斤十有一兩無銘

唐舞鳳狻猊鑑徑七寸五分重三斤無銘

唐蓮鳳鑑徑八寸二分重三斤一十兩無銘

唐鳳銜花鑑徑七寸六分重四斤六兩無銘

唐鹿鳳蒲萄鑑徑六寸五分重一斤十有四兩無銘

唐象鑑徑六寸五分重二斤七兩無銘

唐饕餮鑑徑五寸四分重一斤三兩無銘

唐瑞圖鑑徑六寸五分重二斤三兩銘四十三字

唐寶花鑑徑一尺二寸重八斤四兩無銘

唐海獸鑑徑五寸重一斤十有四兩無銘

唐海獸蒲萄鑑徑八寸三分重四斤五兩無銘

右三十五鑑凡致養之道不特人然也鳥獸草木皆有之是以至治之世百獸率舞鳳凰来儀以至萬物之生各得其宜有如由儀萬物得極其高大有如崇丘皆致養然也此又次之以龍鳳花鳥海獸焉

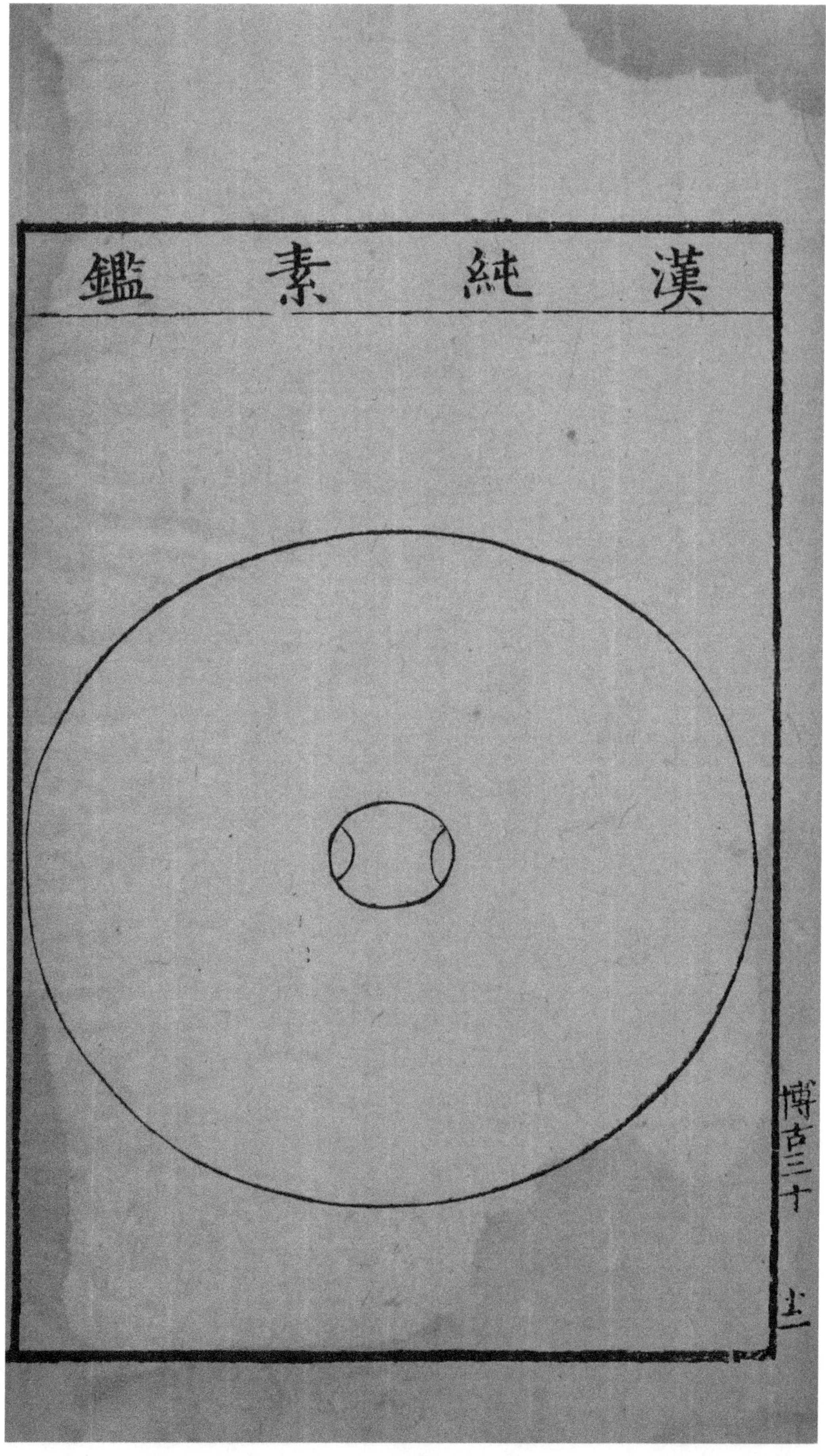

漢純素鑑

素質門

右一鑑徑五寸四分重一斤一兩無銘列子曰太初未見氣也太易氣之始也太素質之始也然則氣變而有形形具而有質則色色自是而起矣故以純質者終之

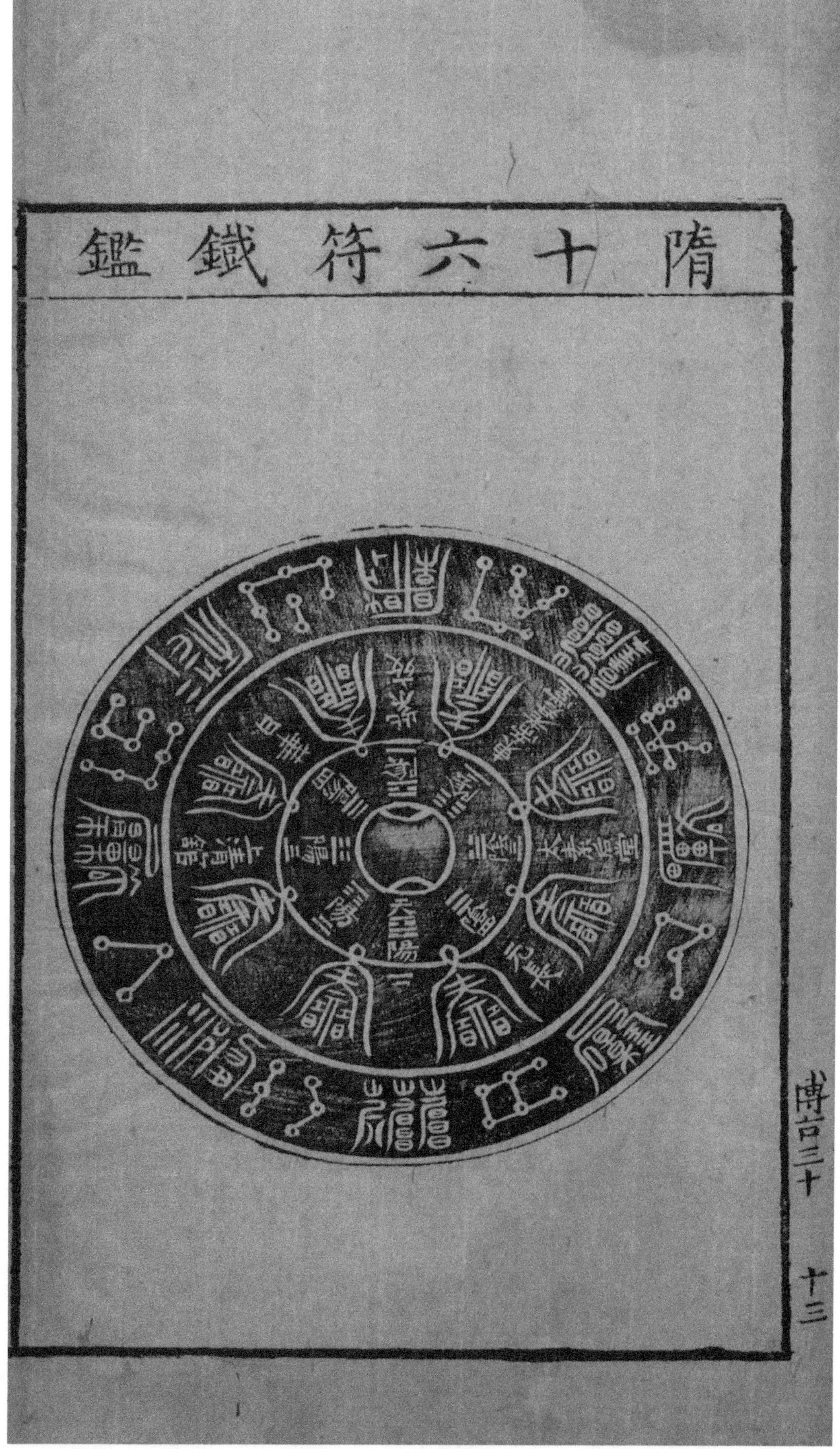
隋十六符鐵鑑
博古三十
十三

唐二十八宿鐵鑑
火
金
水
井
箕
尾
牛

唐八卦鐵鑑一
博古三十

唐八卦鐵鑑二

唐十二辰鐵鑑

唐日月鐵鑑

唐鳳龜八卦鐵鑑

博古三十　十六

唐八卦龜鳳鐵鑑

唐四靈八卦鐵鑑

唐八卦方鐵鐡

唐八角八卦鐵鑑
博古三十
十八

唐千秋萬歲鐵鑑

唐王堂鐵鑑

唐自明鐵鑑

唐晉陽龍鐵鑑
博古二十
二十

唐戲水龍鐵鑑

唐鳳花鐵鑑

唐雙鳳鐵鑑

唐花雀鐵鑑

唐寶花鐵鑑一

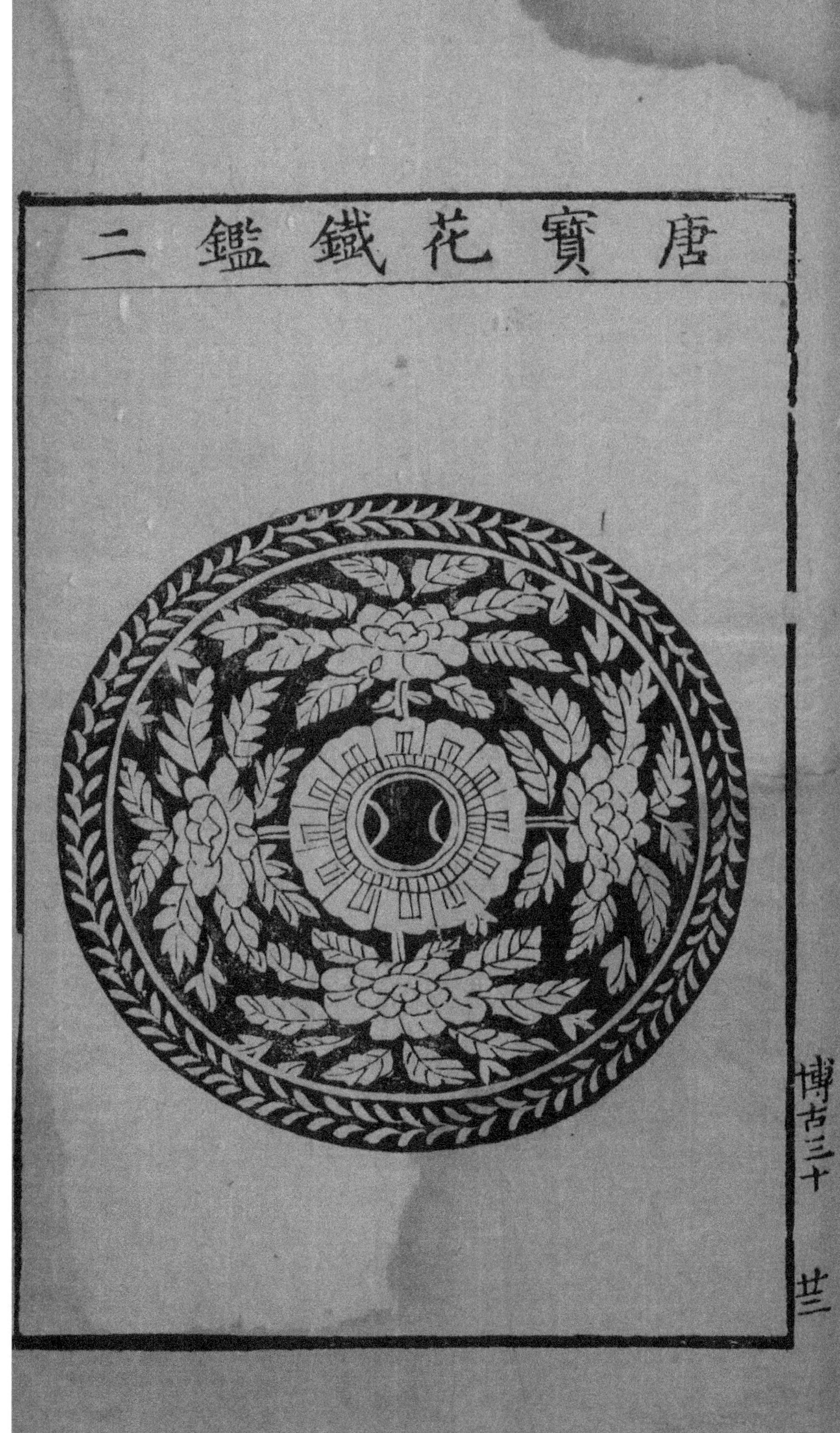
唐寶花鐵鑑二
博古三十
廿三

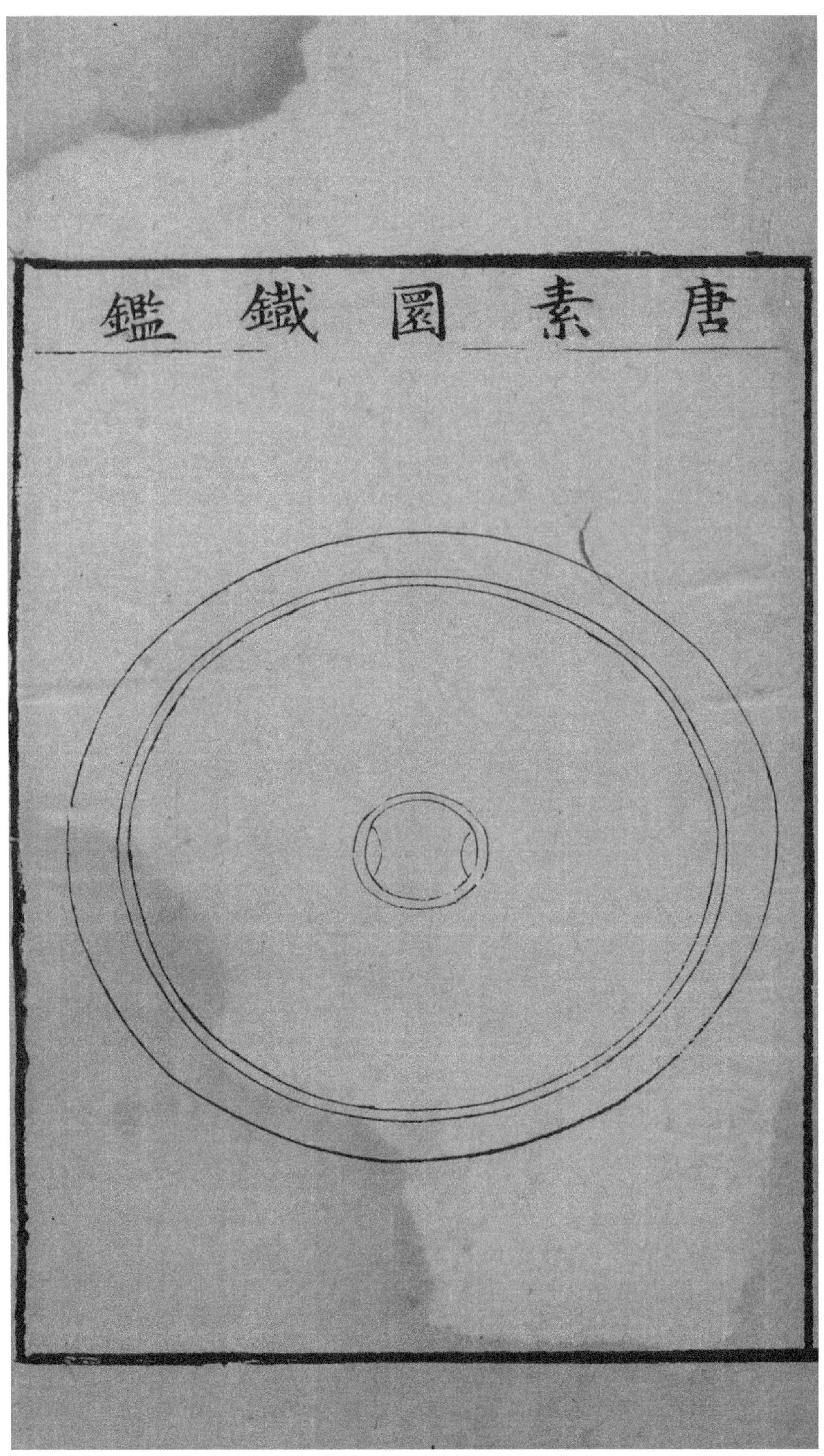

唐素圜鐵鑑

鐵鑑門

隋十六符鐵鑑徑七寸九分重一斤十有一兩銘三十四字

唐二十八宿鐵鑑徑七寸二分重二斤五兩銘六十一字

唐八卦鐵鑑一徑八寸重三斤六兩銘二十二字未詳

唐八卦鐵鑑二徑七寸二分重三斤十有一

兩銘二十八字

唐十二辰鐵鑑徑七寸九分重三斤一十兩銘二十四字未詳

唐日月鐵鑑徑五寸八分重十有一兩銘四十字

唐鳳龜八卦鐵鑑徑一尺二分重四斤有半無銘

唐八卦龜鳳鐵鑑徑八寸三分重三斤四兩

無銘

唐四靈八卦鐵鑑徑七寸二分重三斤無銘

唐八卦方鐵鑑徑四寸九分重一斤十有二兩無銘

唐八角八卦鐵鑑徑七寸八分重二斤七兩無銘

唐千秋萬歲鐵鑑徑七寸六分重三斤十有五兩銘八字

唐玉堂鐵鑑徑一尺一寸六分重九斤有半
銘一十六字
唐自明鐵鑑徑七寸一分重二斤十有四兩
銘二十字
唐晉陽龍鐵鑑徑八寸三分重二斤一十四
兩銘四十六字
唐戲水龍鐵鑑徑七寸四分重一斤十有二
兩無銘

唐鳳花鐵鑑徑七寸五分重二斤五兩無銘
唐雙鳳鐵鑑徑八寸四分重二斤有半無銘
唐花雀鐵鑑徑七寸一分重三斤四兩無銘
唐寶花鐵鑑一徑八寸重二斤三兩無銘
唐寶花鐵鑑二徑七寸九分重一斤十有四
兩無銘
唐素圜鐵鑑徑八寸重一斤一十兩無銘
右五金皆金莫不有序以泉貨言之則銅為

上鐵次之以方言之則銅者南方之金而鐵之位北也於是凡銅鑑者先焉鐵者置其後

東齊徐　銘摹寫圖式

廣陽林之茂　書

博古圖錄考正卷第三十